SE 07

# Curso

*La diferencia entre aprobar
y sacar plaza*

# Técnico/a Especialista de Laboratorio

AF173915

## SERVICIO DE SALUD DEL PRINCIPADO DE ASTURIAS

Si aún no dispones de tu **Curso MAD360**, te ofrecemos un acceso GRATIS de 30 días para que disfrutes de los siguientes recursos:

- Técnicas de Memoria 360.
- MADTEST: Test *online* Nivel PRO.
- Temario en formato digital.
- Planificación de estudio.
- Foro entre opositores hasta la fecha del examen.*
- Recursos y novedades exclusivas.
- Consúltanos sobre tu oposición y proceso selectivo.
- Actualizaciones legislativas (Boletines Oficiales) hasta 60 días antes de la fecha del examen.*

Para acceder a esta prueba del Curso MAD360** será necesaria la compra de todos los libros para esta especialidad de la edición 2025.

Regístrate en **mad.es/iniciar-sesion** y en la pestaña BIBLIOTECA valida los códigos que encuentras en la última página de tus libros.

# Técnico/a Especialista de Laboratorio del Servicio de Salud del Principado de Asturias

Julio 2025

# Técnico/a Especialista de Laboratorio del Servicio de Salud del Principado de Asturias

## Test del temario

# Autores

**CARMEN SILVA GARCÍA**
Diplomada Universitaria en Enfermería
Técnico Especialista en Laboratorio

**M.ª JOSÉ GARCÍA BERMEJO**
Licenciada en Biología
Técnico Especialista en Laboratorio

**FRANCISCO JESÚS TORRES FONSECA**
Licenciado en Derecho

**ELENA GARCÍA FERNÁNDEZ**
Licenciada en Derecho

**DOMINGO GÓMEZ MARTÍNEZ**
Licenciado en Derecho
Técnico de Función Administrativa

**JOSÉ LUIS GARRIDO VELA**
Licenciado en Derecho

**JUAN CARLOS USERO LÓPEZ**
Licenciado en Derecho

**TERESA MARÍA TORRES FONSECA**
Licenciada en Derecho

© 7 Editores Recursos para la Cualificación Profesional y el Empleo, S.L. (7 Editores)
© Los autores
Primera edición, julio 2025 (220 páginas)
Derechos de edición reservados a favor de 7 Editores
IMPRESO EN ESPAÑA
Diseño Portada: 7 Editores
Edita: 7 Editoresz
Avda. San Francisco Javier, 9 · Edificio Sevilla 2 · Planta 11 · Módulos 25-27 · 41018 Sevilla
Teléfono: 954 784 411 · WEB: www.mad.es · e-mail: administracion@7editores.com
ISBN: 978-84-142-9655-4
© "Editorial Mad" y "Eduforma" son nombres comerciales registrados de
7 Editores Recursos para la Cualificación Profesional y el Empleo, S.L.

# Índice

**TEST PARTE COMÚN**

## TEST PARTE ESPECÍFICA

# TEST PARTE GENERAL

# TEST N.º 1

**La Constitución Española de 1978: El derecho a la protección de la salud en la Constitución. Estatuto de Autonomía del Principado de Asturias: Título Preliminar: de los órganos institucionales del Principado de Asturias (Título II)**

**1. ¿En qué parte de la Carta Magna se establece la exposición de motivos que impulsan la norma constitucional y los objetivos que con ella se pretenden alcanzar?**

a) En el Título Preliminar.
b) En el Preámbulo.
c) En el Título I.
d) En el Título II.

**2. La Constitución Española fue sancionada por:**

a) El Rey.
b) El Presidente del Congreso.
c) Las Cortes Generales.
d) El Presidente del Gobierno.

**3. ¿Cuáles de los siguientes españoles de origen pueden ser privados de su nacionalidad?**

a) Exclusivamente los miembros de grupos terroristas.
b) Los miembros de grupos terroristas y los que atenten contra el Rey u otro miembro de la Casa Real.
c) Los que atenten contra un miembro de la Familia Real o del Gobierno de la Nación.
d) Ningún español de origen podrá ser privado de su nacionalidad.

**4. Según la CE son fundamentos del orden político y la paz social:**

a) La dignidad de la persona, los derechos violables que les son inherentes y el respeto a la ley.
b) La dignidad de la persona, el desarrollo limitado de la personalidad y el respeto a la ley.
c) El respeto a la ley, a los reglamentos administrativos y demás disposiciones legales.
d) La dignidad de la persona, los derechos inviolables que le son inherentes, el libre desarrollo de su personalidad, el respeto a la ley y a los derechos de los demás.

**5. ¿Cuál de los siguientes es considerado por la CE como uno de los valores superiores del ordenamiento jurídico?**

a) La jerarquía normativa.
b) El pluralismo político.
c) La publicidad normativa.
d) La equidad.

**6. La forma política del Estado español es:**

a) Democracia parlamentaria.
b) Gobierno parlamentario.
c) Monarquía parlamentaria.
d) República democrática.

**7. La parte de la CE que regula la estructura de los principales órganos del Estado recibe el nombre de:**

a) Parte dogmática.
b) Parte orgánica.
c) Parte estatal.
d) Parte estructural.

**8. Según la CE, la soberanía nacional:**

a) Corresponde a las Cortes Generales, al estar compuestas por los representantes del pueblo.
b) Corresponde al Rey.
c) Reside en el pueblo español.
d) Corresponde al Gobierno de la Nación elegido directamente por el pueblo.

**9. El derecho a la propiedad en nuestra Constitución es un Derecho:**

a) Inherente a la condición humana.
b) Absoluto.
c) Limitado por la función social de la misma.
d) Ninguna de las respuestas anteriores es correcta.

**10. ¿En qué parte de la Carta Magna se señalan los valores superiores del ordenamiento jurídico?**

a) En el Preámbulo.
b) En el Título Preliminar.
c) En el Título I.
d) Ninguna respuesta es correcta.

**11. La Comunidad Autónoma del Principado de Asturias se constituyó a través de la vía:**

a) Del artículo 151 CE.
b) Del artículo 155 CE.
c) De la Ley Orgánica 1/99.
d) Del artículo 143 CE.

**12. Indica la respuesta correcta respecto a las siguientes afirmaciones que se regulan en el Estatuto de Autonomía del Principado de Asturias:**

a) El término del Concejo coincide con la tradicional Parroquia rural.
b) Todas las instituciones oficiales del Principado de Asturias se encuentran en Oviedo.
c) El himno de la Comunidad Autónoma del Principado de Asturias es la canción "Asturias, Patria querida".
d) El Bable es el idioma oficial del Principado de Asturias.

**13. El municipio asturiano coincide con la denominación tradicional de:**

a) Parroquia.
b) Área metropolitana.
c) Comarca.
d) Concejo.

**14. Según el Estatuto de Autonomía de Asturias, gozan de la condición política de asturianos:**

a) Cualquiera que tenga vecindad en alguno de los Concejos de Asturias.
b) Los nacidos en Asturias, cualquiera que sea el lugar donde residan.
c) Los ciudadanos españoles que tengan vecindad administrativa en el territorio de la Comunidad.
d) Quienes hayan nacido en Asturias y acrediten esta condición en cualquier Administración Pública de España.

**15. Conforme al Estatuto de Autonomía del Principado de Asturias, las disposiciones del Consejo de Gobierno que contienen legislación delegada reciben el título de:**

a) Decretos legislativos.
b) Decretos Leyes.
c) Leyes orgánicas.
d) Reglamentos.

**16. La Junta General del Principado de Asturias podrá delegar en el Consejo de Gobierno la potestad de:**

a) Aprobar las leyes presupuestarias.
b) Dictar leyes y Acuerdos, siempre que estos requieran para su aprobación de mayoría cualificada.

c) Dictar Acuerdos pero no leyes.

d) Dictar normas con rango de ley.

**17. La delegación legislativa que realice la Junta General del Principado de Asturias será siempre en favor de:**

a) Su Consejo de Gobierno.

b) Su Presidente.

c) Cualquier autoridad de la Comunidad Autónoma.

d) Cualquiera de los miembros que la componen.

**18. Según el Estatuto de Autonomía de Asturias, la delegación legislativa cuyo objeto sea la formación de textos articulados deberá otorgarse mediante:**

a) Decreto legislativo.

b) Ley de bases.

c) Ley ordinaria.

d) Cualquier disposición, sin forma concreta.

**19. Y cuando la delegación legislativa trate de refundir varios textos legales en uno solo, se hará mediante:**

a) Acuerdo.

b) Ley de bases.

c) Ley ordinaria.

d) Decreto legislativo.

**20. La facultad para oponerse a la tramitación por la Junta General del Principado de Asturias de una proposición de ley o una enmienda contraria a una delegación legislativa en vigor, corresponde:**

a) Al Presidente del Principado de Asturias.

b) Al Consejo de Gobierno.

c) A la Junta de Gobierno.

d) Al Presidente y a la Junta de Gobierno, según los casos.

En MADTEST tienes **más preguntas de este tema**, y todos tus avances quedan registrados y se reflejan en el ranking.

**¡Supera tus límites con MADTEST!**

# Solución al test n.º 1

**1.** b) En el Preámbulo.

**2.** a) El Rey.

**3.** d) Ningún español de origen podrá ser privado de su nacionalidad.

**4.** d) La dignidad de la persona, los derechos inviolables que le son inherentes, el libre desarrollo de su personalidad, el respeto a la ley y a los derechos de los demás.

**5.** b) El pluralismo político.

**6.** c) Monarquía parlamentaria.

**7.** b) Parte orgánica.

**8.** c) Reside en el pueblo español.

**9.** c) Limitado por la función social de la misma.

**10.** b) En el Título Preliminar.

**11.** d) Del artículo 143 CE.

**12.** c) El himno de la Comunidad Autónoma del Principado de Asturias es la canción "Asturias, Patria querida".

**13.** d) Concejo.

**14.** c) Los ciudadanos españoles que tengan vecindad administrativa en el territorio de la Comunidad.

**15.** a) Decretos legislativos.

**16.** d) Dictar normas con rango de ley.

**17.** a) Su Consejo de Gobierno.

**18.** b) Ley de bases.

**19.** c) Ley ordinaria.

**20.** b) Al Consejo de Gobierno.

# TEST N.º 2

**Ley 14/1986, de 25 de abril, General de Sanidad. Principios generales, estructura y contenido. Ley 41/2002, de 14 de noviembre, de la Autonomía del paciente: derechos y obligaciones en materia de información y documentación clínica. El secreto profesional: concepto y regulación jurídica. El consentimiento informado. Derechos y deberes de los ciudadanos en el Sistema de Salud**

**1. ¿De cuántos Títulos consta la Ley General de Sanidad?**

a) Cuatro.
b) Cinco.
c) Seis.
d) Siete.

**2. ¿En qué Título de la Ley General de Sanidad, se regula la estructura del sistema sanitario público?**

a) Título I.
b) Título II.
c) Título III.
d) Título IV.

**3. Las Áreas de Salud serán dirigidas por un órgano propio, donde deberán participar las Corporaciones Locales en ellas situadas, con una representación no inferior al:**

a) 20 %.
b) 30 %.
c) 40 %.
d) 50 %.

**4. Los Consejos de Salud de Área estarán constituidos por organizaciones sindicales más representativas, en una proporción no inferior al:**

a) 25 %.
b) 30 %.

c) 40 %.
d) 50 %.

**5. Entre las características fundamentales del Sistema Nacional de Salud, no se encuentra:**

a) La extensión de sus servicios a toda la población.
b) La coordinación y, en su caso, la integración de todos los recursos sanitarios públicos en tres dispositivos únicos (estatal, autonómico y local).
c) La prestación de una atención integral de la salud procurando altos niveles de calidad debidamente evaluados y controlados.
d) Todas son correctas.

**6. ¿En cuántos niveles organizativos se divide el sistema sanitario español?**

a) Tres: central, autonómico y áreas de salud.
b) Dos: central y autonómico.
c) Central, del que derivan el autonómico y local.
d) Únicamente el central.

**7. Para la delimitación de las zonas básicas no deberá tenerse en cuenta:**

a) El grado de concentración o dispersión de la población.
b) Las características epidemiológicas de la zona.
c) Las instalaciones y recursos sanitarios de la zona.
d) Las distancias mínimas de las agrupaciones de población más cercanas de los servicios y el tiempo normal a invertir en su recorrido usando los medios ordinarios.

**8. El Título II de la Ley General de Sanidad, regula:**

a) El sistema de salud.
b) La estructura del sistema sanitario público.
c) Las actividades sanitarias privadas.
d) Ninguna es correcta.

**9. Las acciones de coordinación y cooperación de las Administraciones Públicas sanitarias, no comprenderán:**

a) Las prestaciones sanitarias.
b) La farmacia.
c) Los profesionales.
d) La salud privada.

**10. ¿Cuál de las siguientes no es una característica del modelo establecido por la Ley General de Sanidad?**

a) Descentralización.
b) Atención Primaria.

c) Gratuidad.
d) Participación de la Comunidad.

**11. La Ley de Autonomía del Paciente establece la obligatoriedad de obtener el consentimiento informado del paciente:**

a) Solo en los casos de intervención quirúrgica.
b) Solo en los casos de aplicación de procedimientos que supongan grandes riesgos o inconvenientes de notoria repercusión negativa sobre su salud.
c) Para toda actuación en el ámbito de su salud.
d) La Ley no establece esta obligación.

**12. Tal y como establece la Ley 41/2002, de Autonomía del Paciente, en caso de que el paciente no acepte el tratamiento se le propondrá que firme el alta voluntaria y si no la firma la Dirección del Centro:**

a) Puede disponer el alta forzosa.
b) Firmará en su nombre el alta involuntaria.
c) Mantendrá el ingreso por periodo mínimo de cinco días naturales.
d) No está reconocida la negativa al tratamiento de los pacientes.

**13. El derecho del paciente a no ser informado:**

a) No está reconocido por la ley.
b) Podrá restringirse en cualquier momento.
c) Podrá restringirse cuando sea estrictamente necesario en beneficio del paciente.
d) Solo podrá ejercitarse si el paciente designa a un familiar o a otra persona a la que se le facilite la información.

**14. El reconocimiento legal de que se respeten los deseos expresados anteriormente en el documento de instrucciones previas es una manifestación del derecho:**

a) A la información sanitaria.
b) A la segunda opinión.
c) A la autonomía del paciente.
d) A la información post-mortem.

**15. Indique la proposición incorrecta en relación con los requisitos del consentimiento:**

a) Debe ser libre.
b) Debe ser voluntario.
c) La decisión de consentir debe anteceder a una información adecuada.
d) La persona que lo presta debe tener capacidad para conocer, comprender y querer el alcance de su decisión.

**16. La Ley 41/2002, de Autonomía del paciente, establece que, como regla general, el consentimiento se manifestará en forma:**

a) Verbal.
b) Escrita.
c) Documental.
d) Ante testigos.

**17. Según establece la Ley 41/2002, de Autonomía del paciente, el paciente o usuario tiene derecho a decidir libremente entre las opciones clínicas disponibles después de recibir:**

a) Información completa.
b) Información adecuada.
c) Información documental.
d) Información escrita.

**18. La renuncia del paciente a recibir información:**

a) No se reconoce por la ley.
b) Está limitada por el interés de la salud del propio paciente.
c) No está limitada por el interés de la salud de terceros.
d) Ninguna de las anteriores es correcta.

**19. Según establece la Ley 41/2002, de Autonomía del paciente, ha de constar siempre por escrito:**

a) La información al paciente.
b) El consentimiento informado.
c) La aceptación del tratamiento.
d) La negativa al tratamiento.

**20. En la legislación sanitaria española, el consentimiento escrito del paciente:**

a) Es una exigencia legal.
b) Es conveniente.
c) Es obligatorio en determinados supuestos.
d) No es necesario.

En MADTEST tienes **más preguntas de este tema**, y todos tus avances quedan registrados y se reflejan en el ranking.

**¡Supera tus límites con MADTEST!**

# Solución al test n.º 2

**1.** d) Siete.

**2.** c) Título III.

**3.** c) 40 %.

**4.** a) 25 %.

**5.** b) La coordinación y, en su caso, la integración de todos los recursos sanitarios públicos en tres dispositivos únicos (estatal, autonómico y local).

**6.** a) Tres: central, autonómico y áreas de salud.

**7.** d) Las distancias mínimas de las agrupaciones de población más cercanas de los servicios y el tiempo normal a invertir en su recorrido usando los medios ordinarios.

**8.** d) Ninguna es correcta.

**9.** d) La salud privada

**10.** c) Gratuidad.

**11.** c) Para toda actuación en el ámbito de su salud.

**12.** a) Puede disponer el alta forzosa.

**13.** c) Podrá restringirse cuando sea estrictamente necesario en beneficio del paciente.

**14.** c) A la autonomía del paciente.

**15.** c) La decisión de consentir debe anteceder a una información adecuada.

**16.** a) Verbal.

**17.** b) Información adecuada.

**18.** b) Está limitada por el interés de la salud del propio paciente.

**19.** d) La negativa al tratamiento.

**20.** c) Es obligatorio en determinados supuestos.

# TEST N.º 3

**Ley 16/2003, de 28 de mayo, de Cohesión y Calidad del Sistema Nacional de Salud: principios generales, derechos de los ciudadanos y prestaciones del Sistema Nacional de Salud. El Consejo Interterritorial: Objeto, composición y funciones. Sistemas de información sanitaria. Ley 44/2003, de 21 de noviembre, de Ordenación de las Profesiones Sanitarias: Ámbito de aplicación. El ejercicio de las profesiones sanitarias. Profesiones sanitarias tituladas y profesionales del área sanitaria profesional. Formación especializada en Ciencias de la Salud**

**1. ¿Quién realiza las acciones de coordinación y cooperación de las Administraciones Públicas sanitarias?**

a) El Consejo Interterritorial.
b) La Alta Inspección.
c) Son correctas las opciones a y b.
d) Ninguna es correcta.

**2. Las acciones de coordinación y cooperación de las Administraciones Públicas sanitarias, no comprenderán:**

a) Las prestaciones sanitarias.
b) La farmacia.
c) Los profesionales.
d) La salud privada.

**3. La cohesión y calidad del Sistema Nacional de Salud, se aprobó por ley, en el año:**

a) 2002.
b) 2003.
c) 2004.
d) 2005.

**4. ¿De cuántos Capítulos consta la Ley de Cohesión y Calidad del Sistema Nacional de Salud?**

a) Once.
b) Diez.
c) Nueve.
d) Ocho.

**5. ¿Al amparo de qué artículo de la Constitución se dicta la Ley de Cohesión y Calidad del Sistema Nacional de Salud?**

a) 143.
b) 141.
c) 149.
d) Ninguna es correcta.

**6. ¿Qué título de la Ley 44/2003, de 21 de noviembre, de ordenación de las profesiones sanitarias, regula el desarrollo profesional y su reconocimiento?**

a) El título II.
b) El título III.
c) El título IV.
d) El título V.

**7. ¿Qué título de la Ley 44/2003, de 21 de noviembre, de ordenación de las profesiones sanitarias, regula el ejercicio profesional en el ámbito privado?**

a) El título II.
b) El título III.
c) El título IV.
d) El título V.

**8. Señalar la opción incorrecta. El objeto de la Ley 44/2003 es regular los aspectos básicos de las profesiones sanitarias tituladas en lo que se refiere a:**

a) La participación de los profesionales en la planificación y ordenación de las profesiones sanitarias.
b) Su ejercicio por cuenta propia o ajena.
c) La estructura general de la formación de los profesionales.
d) El acceso de los profesionales a la sanidad pública.

**9. Las disposiciones de la Ley 44/2003 son aplicables:**

a) Solo a los profesionales que ejercen en los servicios sanitarios públicos.
b) Tanto si la profesión se ejerce en los servicios sanitarios públicos como en el ámbito de la sanidad privada.

c) Solo a los profesionales que ejerzan en el ámbito de la sanidad privada.

d) A los profesionales que ejercen en los servicios sanitarios públicos y a los que ejerzan en el ámbito de la sanidad privada por cuenta ajena; pero no a los que ejerzan en la sanidad privada por cuenta propia.

**10. El artículo 2.º núm. 2-A) de la Ley 44/2003, de 21 de noviembre de Ordenación de las Profesiones Sanitarias, define como profesiones sanitarias de nivel de Licenciado universitario las siguientes:**

a) Licenciados en Medicina, en Farmacia, en Odontología, y los licenciados especialistas en Ciencias de la Salud.

b) Licenciados en Medicina, en Farmacia, en Odontología, en Veterinaria, y los licenciados especialistas en Ciencias de la Salud.

c) Licenciados en Medicina, en Farmacia, en Veterinaria, y los licenciados especialistas en Ciencias de la Salud.

d) Licenciados en Medicina, en Farmacia, en Odontología, Psicólogos Clínicos, y los licenciados especialistas en Ciencias de la Salud.

**11. Se podrá declarar formalmente el carácter de profesión sanitaria, titulada y regulada, de una determinada actividad no prevista en el artículo 2.º de la Ley 44/2003, mediante:**

a) Una norma con rango de ley.

b) Real Decreto.

c) Orden del Ministerio de Sanidad.

d) Orden del Ministerio de Educación.

**12. Los profesionales del área sanitaria de formación profesional se estructuran en los siguientes grupos:**

a) Grupo I, Grupo II y Grupo III.

b) Nivel 1 y Nivel 2.

c) Grado Superior y Grado Medio.

d) Grupo A1, Grupo A2 y Grupo C1.

**13. Los profesionales sanitarios a lo largo de su vida profesional deberán:**

a) Acreditar su servicio a la sociedad.

b) Dedicar parte de su vida profesional a la investigación.

c) Realizar una formación continuada.

d) Certificar conocimientos de las últimas técnicas y procedimientos de su especialidad.

**14. Es un principio general del ejercicio de las profesiones sanitarias:**

a) La amplia autonomía técnica y científica.

b) La participación pasiva.

c) La conveniencia de la posesión de un título oficial.
d) El libre ejercicio de la profesión.

**15. Señalar la opción incorrecta en relación al ejercicio de la profesión sanitaria:**

a) Existirá formalización escrita de su trabajo reflejada en una historia clínica que deberá ser común para cada centro y única para cada paciente atendido en él.

b) La eficacia organizativa de los servicios, secciones y equipos, o unidades asistenciales equivalentes sea cual sea su denominación, requerirá la existencia escrita de normas de funcionamiento interno y la definición de objetivos y funciones tanto generales como específicas para cada miembro del mismo.

c) La continuidad asistencial de los pacientes, tanto la de aquellos que sean atendidos por distintos profesionales y especialistas dentro del mismo centro como la de quienes lo sean en diferentes niveles, requerirá en cada ámbito asistencial la existencia de procedimientos, protocolos de elaboración conjunta e indicadores para asegurar esta finalidad.

d) Los protocolos deberán ser utilizados de forma obligatoria, como guía de actuación para todos los profesionales de un equipo, y serán regularmente actualizados con la participación de aquellos que los deben aplicar.

**16. Atendiendo al artículo 5 de la Ley 44/2003, no es uno de los principios generales referentes a la relación entre los profesionales sanitarios y de las personas atendidas por ellos:**

a) Los profesionales tienen el deber de hacer un uso racional de los recursos diagnósticos y terapéuticos a su cargo.

b) Los profesionales tienen el deber de respetar la personalidad, dignidad e intimidad de las personas a su cuidado y deben respetar la participación de los mismos en las tomas de decisiones que les afecten.

c) Los profesionales tienen derecho a la libre aceptación de los pacientes a los que les corresponde atender.

d) Los profesionales y los responsables de los centros sanitarios facilitarán a sus pacientes el ejercicio del derecho a conocer el nombre, la titulación y la especialidad de los profesionales sanitarios que les atienden.

**17. ¿A quién corresponde la indicación y realización de las actividades dirigidas a la promoción y mantenimiento de la salud?**

a) A los licenciados en Medicina.
b) A los diplomados universitarios en Enfermería.
c) A los diplomados universitarios en Terapia Ocupacional.
d) A los licenciados en Farmacia.

**18. Los centros sanitarios revisarán que los profesionales sanitarios de su plantilla cumplen los requisitos necesarios para ejercer la profesión, como mínimo:**

a) Cada 2 años.
b) Cada 3 años.

c) Cada 4 años.
d) Cada 5 años.

**19. Según la Ley 44/2003, la unidad básica en la que se estructuran de forma uni o multiprofesional e interdisciplinar los profesionales y demás personal de las organizaciones asistenciales para realizar efectiva y eficientemente los servicios que les son requeridos, es:**

a) La unidad de gestión clínica.
b) El Colegio Profesional.
c) El equipo de profesionales.
d) La cartera de servicios.

**20. Señalar la opción incorrecta. La atención sanitaria integral, supone:**

a) La cooperación multidisciplinaria.
b) La integración de los procesos.
c) La continuidad asistencial.
d) La superposición entre procesos asistenciales atendidos por distintos titulados o especialistas.

En MADTEST tienes **más preguntas de este tema**, y todos tus avances quedan registrados y se reflejan en el ranking.

**¡Supera tus límites con MADTEST!**

# Solución al test n.º 3

**1.** c) Son correctas las opciones a y b.

**2.** d) La salud privada.

**3.** b) 2003.

**4.** a) Once.

**5.** c) 149.

**6.** b) El título III.

**7.** c) El título IV.

**8.** d) El acceso de los profesionales a la sanidad pública.

**9.** b) Tanto si la profesión se ejerce en los servicios sanitarios públicos como en el ámbito de la sanidad privada.

**10.** b) Licenciados en Medicina, en Farmacia, en Odontología, en Veterinaria, y los licenciados especialistas en Ciencias de la Salud.

**11.** a) Una norma con rango de ley.

**12.** c) Grado Superior y Grado Medio.

**13.** c) Realizar una formación continuada.

**14.** d) El libre ejercicio de la profesión.

**15.** d) Los protocolos deberán ser utilizados de forma obligatoria, como guía de actuación para todos los profesionales de un equipo, y serán regularmente actualizados con la participación de aquellos que los deben aplicar.

**16.** c) Los profesionales tienen derecho a la libre aceptación de los pacientes a los que les corresponde atender.

**17.** a) A los licenciados en Medicina.

**18.** b) Cada 3 años.

**19.** c) El equipo de profesionales.

**20.** d) La superposición entre procesos asistenciales atendidos por distintos titulados o especialistas.

# TEST N.º 4

**Ley 55/2003, de 16 de diciembre, del Estatuto Marco del Personal Estatutario de los Servicios de Salud: objeto y ámbito de aplicación; clasificación de personal estatutario; Titulación, funciones, tipo de nombramiento. Derechos y deberes; situaciones; incompatibilidades; régimen disciplinario**

**1. El Estatuto Marco del Personal Estatutario de los Servicios de Salud está regulado por:**

a) Una Ley orgánica.
b) Una Ley ordinaria.
c) Un Real Decreto.
d) Un Reglamento.

**2. El Estatuto Marco considera al personal estatutario como titular de una relación:**

a) Funcionarial común.
b) Laboral común.
c) Estatutaria de la Seguridad Social.
d) Funcionarial especial.

**3. El personal estatutario con nombramiento expedido para el desempeño de funciones de gestión o para el desempeño de profesiones u oficios que no tengan carácter sanitario se denomina:**

a) Personal universitario.
b) Personal de gestión y servicios.
c) Personal directivo.
d) Personal administrativo.

**4. Según establece el art. 8 de la Ley 55/2003, de 16 de diciembre, del Estatuto Marco de los Servicios de Salud, es personal estatutario fijo:**

a) El que, una vez superado el correspondiente proceso selectivo, obtiene un nombramiento para el desempeño, con carácter permanente, de las funciones que de tal nombramiento se deriven.

b) Todo el personal al servicio de los Servicios de Salud.

c) El personal que realice una prestación de servicios determinados de naturaleza temporal, coyuntural o extraordinaria.

d) El personal en posesión de un contrato laboral indefinido.

**5. Conforme a lo dispuesto en el artículo 2.2 de la Ley 55/2003, de 16 de diciembre, del Estatuto Marco del personal estatutario de los servicios de salud, en lo no previsto en la misma serán aplicables al personal estatutario:**

a) Las disposiciones y principios generales sobre función pública de la Administración correspondiente.

b) Las disposiciones de derecho laboral, dictadas al amparo del artículo 149.1.7º de la Constitución.

c) Las disposiciones sobre función pública de la Administración del Estado, en todo caso, conforme a lo dispuesto en el artículo 149.3 de la Constitución.

d) El convenio colectivo del personal laboral al servicio de la Administración correspondiente.

**6. Conforme al artículo 6.2 de la Ley 55/2003, de 16 de diciembre, del Estatuto Marco del personal estatutario de los servicios de salud, atendiendo al nivel académico del título exigido para el ingreso, el personal estatutario sanitario de formación profesional se divide en:**

a) Técnicos sanitarios y Auxiliares de Enfermería.

b) Técnicos superiores y Técnicos.

c) Técnicos superiores y Técnicos de gestión.

d) Técnicos especialistas y Técnicos.

**7. La categoría profesional de Celador está comprendida dentro del grupo de:**

a) Personal de gestión y servicios.

b) Personal no estatutario.

c) Personal estatutario sanitario.

d) Personal estatutario de formación profesional.

**8. Es personal Estatutario Sanitario:**

a) El que ejerce una profesión o especialidad sanitaria.

b) El que ostenta esta condición en virtud de nombramiento expedido para el ejercicio de una profesión o especialización sanitaria.

c) El que desempeña una categoría clasificada como sanitaria.

d) Quien ejerza una profesión sanitaria sin ostentar la condición de funcionario.

**9. El personal Estatutario de Gestión y Servicio se clasifica en función del título exigido para el ingreso en:**

a) Personal de formación universitaria, personal de formación personal y otro personal.

b) Personal universitario, personal de formación profesional y personal subalterno.

c) Personal licenciado universitario, personal de administración y personal auxiliar.

d) Ninguna es correcta.

**10. No constituye un derecho individual del personal estatutario:**

a) La estabilidad en el empleo.

b) La movilidad voluntaria.

c) El descanso necesario.

d) La negociación colectiva.

**11. El régimen de derechos del personal estatutario será aplicable al personal temporal:**

a) En la medida en que la naturaleza del derecho lo permita.

b) En todo caso.

c) En ningún caso.

d) Solo cuando así se establezca en su nombramiento.

**12. En relación con los derechos y deberes regulados en el Estatuto Marco, no se considera un derecho colectivo:**

a) La huelga.

b) La actividad sindical.

c) La reunión.

d) La estabilidad en el empleo.

**13. El personal estatutario de los servicios de salud tiene el deber de:**

a) Participar en la elaboración de los convenios colectivos.

b) Realizar sus funciones fuera del horario y jornada habitual.

c) Realizar actividades sindicales.

d) Respetar la Constitución, el Estatuto de Autonomía correspondiente y el resto del ordenamiento jurídico.

**14. Según el Estatuto Marco del Personal Estatutario de los Servicios de Salud, ¿cuál de los siguientes es un derecho colectivo?**

a) Derecho a la percepción puntual de las retribuciones e indemnizaciones por razón del servicio en cada caso establecidas.

b) Derecho a la libre sindicación.

c) Derecho a la movilidad voluntaria, promoción interna y desarrollo profesional, en la forma en que prevean las disposiciones en cada caso aplicables.

d) Derecho a la jubilación en los términos y condiciones establecidas en las normas en cada caso aplicables.

**15. Son faltas muy graves:**

a) La falta de obediencia debida a los superiores.

b) El acoso sexual, cuando el sujeto activo del acoso cree con su conducta un entorno laboral intimidatorio, hostil o humillante para la persona que es objeto del mismo.

c) El incumplimiento del deber de respeto a la Constitución o al respectivo Estatuto de Autonomía en el ejercicio de sus funciones.

d) La aceptación de cualquier tipo de contraprestación por los servicios prestados a los usuarios de los Servicios de Salud.

**16. El funcionario sancionado con la separación del servicio no podrá concurrir a las pruebas de selección para la obtención de la condición de personal estatutario fijo, ni prestar servicios como personal estatutario temporal, durante:**

a) Los 6 años siguientes.

b) Los 5 años siguientes.

c) Los 10 años siguientes.

d) La separación del servicio es definitiva.

**17. Cuando la suspensión de funciones se imponga por falta muy grave, no podrá superar:**

a) Los seis años.

b) Los diez años.

c) Los doce años.

d) Los quince años.

**18. Según el Estatuto Marco, las faltas graves prescribirán:**

a) Al año.

b) A los dos años.

c) A los tres años.

d) A los cuatro años.

**19. Según el Estatuto Marco, las sanciones impuestas por faltas leves prescribirán:**

a) Al mes.

b) A los tres meses.

c) A los seis meses.

d) Al año.

**20. Las sanciones disciplinarias firmes que se impongan al personal estatutario se anotarán en su expediente personal. Las anotaciones por sanciones impuestas por faltas leves se cancelarán de oficio, desde el cumplimiento de la sanción, a:**

a) Los 3 meses.
b) Los 6 meses.
c) El año.
d) Los 2 años.

En MADTEST tienes **más preguntas de este tema**, y todos tus avances quedan registrados y se reflejan en el ranking.

**¡Supera tus límites con MADTEST!**

# Solución al test n.º 4

**1.** b) Una Ley ordinaria.

**2.** d) Funcionarial especial.

**3.** b) Personal de gestión y servicios.

**4.** a) El que, una vez superado el correspondiente proceso selectivo, obtiene un nombramiento para el desempeño, con carácter permanente, de las funciones que de tal nombramiento se deriven.

**5.** a) Las disposiciones y principios generales sobre función pública de la Administración correspondiente.

**6.** b) Técnicos superiores y Técnicos.

**7.** a) Personal de gestión y servicios.

**8.** b) El que ostenta esta condición en virtud de nombramiento expedido para el ejercicio de una profesión o especialización sanitaria.

**9.** a) Personal de formación universitaria, personal de formación personal y otro personal.

**10.** d) La negociación colectiva.

**11.** a) En la medida en que la naturaleza del derecho lo permita.

**12.** d) La estabilidad en el empleo.

**13.** d) Respetar la Constitución, el Estatuto de Autonomía correspondiente y el resto del ordenamiento jurídico.

**14.** b) Derecho a la libre sindicación.

**15.** c) El incumplimiento del deber de respeto a la Constitución o al respectivo Estatuto de Autonomía en el ejercicio de sus funciones.

**16.** a) Los 6 años siguientes.

**17.** b) Los diez años.

**18.** b) A los dos años.

**19.** c) A los seis meses.

**20.** b) Los 6 meses.

# TEST N.º 5

**Real Decreto Legislativo 5/2015, de 30 de octubre. Clases de personal al servicio de las Administraciones Públicas (Título II). Representación, participación y negociación colectiva (Capítulo IV –Título III). Código de conducta de los empleados públicos (Capítulo VI-Título III)**

**1. De qué forma se aprobó la vigente Ley del Estatuto Básico del Empleado Público:**

a) Por una Ley Orgánica.
b) Mediante un Texto Refundido.
c) Mediante una Ley de Bases.
d) Por un Real Decreto-Ley.

**2. El vigente texto refundido de la Ley del Estatuto Básico del Empleado Público fue aprobado por:**

a) Real Decreto Legislativo 5/2015, de 30 de octubre.
b) Real Decreto Legislativo 2/2015, de 23 de octubre.
c) Real Decreto Legislativo 3/2015, de 23 de octubre.
d) Real Decreto Legislativo 6/2015, de 30 de octubre.

**3. El empleo en el sector público se caracteriza por estar configurado por un modelo:**

a) Unitario de personal funcionario.
b) Unitario de personal estatutario.
c) Dual de regímenes jurídicos, personal funcionario y personal laboral.
d) De tres regímenes jurídicos, personal funcionario, personal laboral y personal de designación.

**4. El EBEP contiene:**

a) Aquello que es común al conjunto de los empleados públicos de todas las Administraciones Públicas.
b) Las normas legales específicas aplicables a los empleados públicos de todas las Administraciones Públicas.

c) Aquello que es común al conjunto de los funcionarios de todas las Administraciones Públicas, más las normas legales específicas aplicables al personal laboral a su servicio.

d) Aquello que es común al conjunto del personal laboral de todas las Administraciones Públicas, más las normas legales específicas aplicables al personal funcionario a su servicio.

**5. Se regirá por la legislación específica dictada por el Estado y por las comunidades autónomas en el ámbito de sus respectivas competencias y por lo previsto en el EBEP, excepto el capítulo II del título III (salvo el artículo 20), y los artículos 22.3, 24 y 84:**

a) El personal funcionario de las Universidades Públicas.

b) El personal funcionario y en lo que proceda el personal laboral al servicio de las Administraciones de las entidades locales.

c) El personal estatutario de los servicios de salud.

d) El personal funcionario y laboral al servicio de las Administraciones de las comunidades autónomas.

**6. Para todo el personal de las Administraciones Públicas no incluido en su ámbito de aplicación, el EBEP tendrá carácter:**

a) Consultivo.

b) Voluntario.

c) Supletorio.

d) Interpretativo.

**7. Las disposiciones del EBEP sólo se aplicarán directamente cuando así lo disponga su legislación específica al siguiente personal:**

a) El personal funcionario de las entidades locales.

b) El personal estatutario de los Servicios de Salud.

c) Personal de las Fuerzas y Cuerpos de Seguridad.

d) El personal docente.

**8. Es un principio de actuación del EBEP:**

a) La jerarquía en la atribución, ordenación y desempeño de las funciones y tareas.

b) La negociación en la atribución, ordenación y desempeño de las funciones y tareas.

c) La participación en la atribución, ordenación y desempeño de las funciones y tareas.

d) La promoción en la atribución, ordenación y desempeño de las funciones y tareas.

**9. Según el art. 4 del TREBEP ¿Qué personal no tiene legislación específica propia?**

a) Las Cortes Generales.

b) El personal del Centro Nacional de Inteligencia.

c) Las Universidades públicas.

d) Personal militar de las Fuerzas Armadas.

**10. El artículo 8 del Texto Refundido de la Ley del Estatuto Básico del Empleado Público, aprobado por el Real Decreto Legislativo 5/2015, de 30 de octubre, define como aquellos quienes desempeñan funciones retribuidas en las Administraciones Públicas al servicio de los intereses generales:**

a) A los Funcionarios públicos.
b) A los Empleados públicos.
c) Al Personal laboral de las Administraciones Públicas.
d) Al personal estatutario.

**11. Basándonos en el artículo 8 del Texto Refundido de la Ley del Estatuto Básico del Empleado Público, no es una clase de empleado público:**

a) Funcionario de carrera.
b) Personal laboral.
c) Funcionario interino.
d) Funcionario eventual.

**12. Corresponden en exclusiva a los funcionarios públicos, en los términos que en la ley de desarrollo de cada Administración Pública se establezca, el ejercicio de las funciones que impliquen la participación directa o indirecta:**

a) En el archivo y documentación de información administrativa.
b) En tareas administrativas.
c) En el ejercicio de las potestades públicas.
d) En las tareas directivas.

**13. Los funcionarios de carrera son aquellos quienes, en virtud de nombramiento legal, están vinculados a una Administración Pública por una relación estatutaria regulada por:**

a) El Derecho Laboral.
b) El Derecho Administrativo.
c) El Derecho Civil.
d) El Derecho Constitucional.

**14. Las leyes de Función Pública que se dicten en desarrollo del EBEP podrán prever el nombramiento de personal interino para la ejecución de programas de carácter temporal con una duración de hasta:**

a) 2 años.
b) 3 años.
c) 4 años.
d) 5 años.

**15. ¿Es aplicable a los funcionarios interinos el régimen general de los funcionarios de carrera?**

a) Sí, en todo caso; independientemente de que el nombramiento tenga o no carácter extraordinario y urgente.

b) No, en ningún caso. Tienen su propio régimen general.

c) Sí, en cuanto sea adecuado a la naturaleza de su condición y al carácter extraordinario y urgente de su nombramiento, salvo aquellos derechos inherentes a la condición de funcionario de carrera.

d) No, se rigen por un convenio colectivo de carácter estatal.

**16. Podrá nombrarse personal funcionario interino para la ejecución de programas de carácter temporal, que no podrán tener una duración:**

a) Inferior a 3 años.

b) Superior a 2 años, ampliable hasta doce meses más por las leyes de Función Pública que se dicten en desarrollo del TR-LEBEP.

c) Superior a 3 años, ampliable hasta doce meses más por las leyes de Función Pública que se dicten en desarrollo del TR-LEBEP.

d) Superior a 6 meses, dentro de un periodo de doce meses.

**17. Los funcionarios interinos serán nombrados por razones expresamente justificadas de necesidad y:**

a) Economía.

b) Eficacia.

c) Urgencia.

d) Calidad.

**18. Según el artículo 11 del Estatuto Básico del Empleado Público, el personal laboral, en función de la duración del contrato, podrá ser (señalar la opción incorrecta):**

a) Temporal.

b) Por tiempo indefinido.

c) Fijo.

d) Eventual.

**19. Es personal eventual el que, en virtud de nombramiento y con carácter no permanente, solo realiza funciones expresamente calificadas como de confianza o:**

a) Representación política.

b) Asesoramiento especial.

c) Gran responsabilidad.

d) Dirección delegada.

**20. En todo caso, el personal eventual cesará:**

a) Cuando transcurran 4 años ininterrumpidos desde su nombramiento.
b) Cuando concluya la tarea por la que fue designado.
c) Cuando se produzca el cese de la autoridad a la que se preste la función de confianza o asesoramiento.
d) Cuando exista personal funcionario de carrera que pueda ejercer sus funciones.

En MADTEST tienes **más preguntas de este tema**, y todos tus avances quedan registrados y se reflejan en el ranking.

**¡Supera tus límites con MADTEST!**

# Solución al test n.º 5

**1.** b) Mediante un Texto Refundido.

**2.** a) Real Decreto Legislativo 5/2015, de 30 de octubre.

**3.** c) Dual de regímenes jurídicos, personal funcionario y personal laboral.

**4.** c) Aquello que es común al conjunto de los funcionarios de todas las Administraciones Públicas, más las normas legales específicas aplicables al personal laboral a su servicio.

**5.** c) El personal estatutario de los servicios de salud.

**6.** c) Supletorio.

**7.** c) Personal de las Fuerzas y Cuerpos de Seguridad.

**8.** a) La jerarquía en la atribución, ordenación y desempeño de las funciones y tareas.

**9.** c) Las Universidades públicas.

**10.** b) A los Empleados públicos.

**11.** d) Funcionario eventual.

**12.** c) En el ejercicio de las potestades públicas.

**13.** b) El Derecho Administrativo.

**14.** c) 4 años.

**15.** c) Sí, en cuanto sea adecuado a la naturaleza de su condición y al carácter extraordinario y urgente de su nombramiento, salvo aquellos derechos inherentes a la condición de funcionario de carrera.

**16.** c) Superior a 3 años, ampliable hasta doce meses más por las leyes de Función Pública que se dicten en desarrollo del TR-LEBEP.

**17.** c) Urgencia.

**18.** d) Eventual.

**19.** b) Asesoramiento especial.

**20.** c) Cuando se produzca el cese de la autoridad a la que se preste la función de confianza o asesoramiento.

# TEST N.º 6

**Ley 31/1995 de 8 de noviembre, de Prevención de Riesgos Laborales: Objeto, ámbito de aplicación y definiciones (Capítulo I) Derechos y obligaciones. Servicios de Prevención. Consulta y participación de los trabajadores. Salud Laboral: Concepto. Condiciones físico-ambientales del trabajo. Accidentes de riesgo biológico. Enfermedades profesionales de mayor incidencia actualmente en la población española**

**1. Los representantes de los trabajadores con competencia en materia de prevención de riesgos laborales son:**

a) Los miembros de la Junta de personal, Junta Facultativo y Junta de Enfermería.
b) Los técnicos de prevención de riesgos laborales.
c) El Servicio de Medicina Preventiva.
d) Los delegados de prevención.

**2. ¿Qué se entiende por "riesgo laboral"?**

a) La posibilidad de que un trabajador sufra un determinado daño derivado del trabajo.
b) La posibilidad de que un trabajador sufra una enfermedad en el trabajo.
c) La posibilidad de que un trabajador sufra acoso.
d) El riesgo que supone el ir a trabajar.

**3. ¿Quién debe garantizar a los trabajadores la vigilancia periódica de su estado de salud en función de los riesgos inherentes al trabajo?**

a) La Inspección de Trabajo.
b) El propio trabajador.
c) El empresario.
d) Las secciones sindicales.

**4. El derecho básico reconocido a los trabajadores por la Ley 31/1995, de 8 de noviembre, es:**

a) La vigilancia de su estado de salud.
b) Una protección eficaz en materia de seguridad y salud en el trabajo.
c) La formación en materia preventiva.
d) La información, consulta y participación.

**5. Indica cuál es la definición de prevención:**

a) La probabilidad racional de que un riesgo se materialice de forma inminente.
b) El estudio de los procesos potencialmente peligrosos para el trabajo.
c) Conjunto de actividades o medidas adoptadas o previstas en todas las fases de actividad de la empresa con el fin de evitar o disminuir los riesgos derivados del trabajo.
d) Posibilidad de que un trabajador sufra un determinado daño derivado del trabajo.

**6. Señale la respuesta incorrecta:**

a) La Ley de Prevención de Riesgos Laborales se aplica a los operativos de Seguridad civil en casos de catástrofe.
b) La Ley de Prevención de Riesgos Laborales se aplica a las sociedades cooperativas.
c) En el ámbito de la relación laboral de carácter especial del servicio del hogar familiar, las personas trabajadoras tienen derecho a una protección eficaz en materia de seguridad y salud en el trabajo.
d) En los establecimientos penitenciarios, se adaptarán a la Ley de Prevención de Riesgos Laborales aquellas actividades cuyas características justifiquen una regulación especial.

**7. ¿Cuál es la vigente Ley de Prevención de Riesgos Laborales?**

a) Ley 32/1995, de 8 de noviembre.
b) Ley 30/1996, de 8 de noviembre.
c) Ley 31/1995, de 6 de noviembre.
d) Ley 31/1995, de 8 de noviembre

**8. Entre los principios de la acción preventiva recogidos por el artículo 15 de la Ley de Prevención de Riesgos Laborales, no figura:**

a) Evitar los riesgos.
b) Evaluar los riesgos que se puedan evitar.
c) Tener en cuenta la evolución de la técnica.
d) Dar las debidas instrucciones a los trabajadores.

**9. ¿Cuántos delegados de prevención se deberán elegir en empresas entre 3001 y 4000 trabajadores?**

a) 5.
b) 6.

c) 7.
d) 8.

**10. En las empresas de hasta 30 trabajadores el Delegado de Prevención será:**

a) El propio empresario.
b) El trabajador más antiguo.
c) El trabajador de mayor cualificación.
d) El delegado de personal.

**11. Entre las obligaciones de los trabajadores recogidas por la Ley de Prevención de Riesgos Laborales, no figura:**

a) Informar directamente al empresario de cualquier situación que entrañe riesgo para la seguridad o salud de los trabajadores.
b) Contribuir al cumplimiento de las obligaciones establecidas por la autoridad competente con el fin de proteger la seguridad y la salud de los trabajadores en el trabajo.
c) Cooperar con el empresario para que éste pueda garantizar unas condiciones de trabajo que sean seguras y no entrañen riesgos para la seguridad y la salud de los trabajadores.
d) Utilizar correctamente los medios y equipos de protección facilitados por el empresario, de acuerdo con las instrucciones recibidas de éste.

**12. El empresario deberá constituir un servicio de prevención propio siempre que se trate de empresas que cuenten con:**

a) Más de 500 trabajadores.
b) Menos de 250 trabajadores.
c) Más de 250 trabajadores.
d) Más de 250 y menos de 500 trabajadores.

**13. Cuando los trabajadores estén expuestos a un riesgo grave e inminente con ocasión de su trabajo, y el empresario no adopte o no permita la adopción de las medidas necesarias para garantizar la seguridad y la salud de los trabajadores, la Ley 31/1995, de 8 de noviembre, de Prevención de Riesgos Laborales prevé:**

a) Los trabajadores afectados podrán paralizar la actividad.
b) El órgano de representación del personal instará formalmente al empresario a la adopción de las medidas necesarias.
c) Los Delegados de Prevención lo comunicarán a la autoridad laboral, que adoptará las medidas necesarias.
d) El órgano de representación de personal podrá acordar la paralización de la actividad.

**14. Según establece el art. 4 de la Ley 31/1995, de 8 de noviembre, de Prevención de Riesgos Laborales, se define como daños derivados del trabajo.**

a) La posibilidad de que un trabajador sufra un determinado daño derivado del trabajo.
b) El que resulte probable racionalmente que se materialice en un futuro inmediato y pueda suponer y pueda suponer un daño grave para la salud de los trabajadores.

c) Las enfermedades, patologías o lesiones sufridas con motivo u ocasión del trabajo.
d) Cualquier máquina, aparato, instrumento o instalación utilizada en el trabajo.

**15. Según recoge el artículo 4 de la Ley 31/1995, quedan específicamente incluidas en la definición de condición de trabajo:**

a) Las características particulares de los locales, instalaciones, equipos, productos y demás útiles existentes en el centro de trabajo.
b) La naturaleza de los agentes físicos, químicos y biológicos presentes en el ambiente de trabajo y sus correspondientes intensidades, concentraciones o niveles de presencia.
c) Los procedimientos para la utilización de los agentes citados anteriormente que no influyan en la generación de los riesgos mencionados.
d) Todas aquellas otras características del trabajo, excluidas las relativas a su organización y ordenación, que influyan en la magnitud de los riesgos a que esté expuesto el trabajador.

**16. Los instrumentos esenciales para la gestión y aplicación del Plan de prevención de riesgos laborales son:**

a) La evaluación de riesgos y la planificación de la actividad preventiva.
b) La evaluación inicial de riesgos y la formación.
c) La planificación y la gestión de la actividad preventiva.
d) La identificación y la evaluación de los riesgos.

**17. El posible cambio de puesto de trabajo con riesgo para una trabajadora embarazada:**

a) Deberá realizarse en caso de imposibilidad de adaptación del propio puesto.
b) Se hará previo informe en tal sentido del Servicio de Prevención.
c) Se determinará por el empresario, y dará información a los representantes de los trabajadores.
d) Se extenderá al período de lactancia.

**18. La prevención de riesgos laborales deberá integrarse en el sistema general de gestión de la empresa a través de:**

a) La política preventiva.
b) El plan de prevención.
c) El consenso de las partes.
d) El poder de decisión del empresario.

**19. El objeto y carácter de la norma de la Ley 31/95 de Prevención de Riesgos Laborales dice:**

a) La presente Ley tiene por objeto promover la salud de los trabajadores mediante la aplicación de medidas y el desarrollo de las actividades necesarias para la prevención de riesgos derivados del trabajo.

b) La presente Ley tiene por objeto promover la seguridad y la salud de los trabajadores mediante la aplicación de medidas y el desarrollo de las actividades necesarias para la prevención de riesgos derivados del trabajo.

c) La presente Ley tiene por objeto promover la seguridad de los trabajadores mediante la aplicación de medidas y el desarrollo de las actividades necesarias para la prevención de riesgos derivados del trabajo.

d) La presente Ley tiene por objeto promover la seguridad, la salud de los trabajadores y la negociación entre empresa y delegados de prevención, mediante la aplicación de medidas y el desarrollo de las actividades necesarias para la prevención de riesgos derivados del trabajo.

**20. ¿Cuándo se deben utilizar los equipos de protección individual?**

a) Siempre.

b) Cuando los riesgos no hayan sido evaluados.

c) Cuando los riesgos no se puedan evitar o no puedan limitarse.

d) Cuando el trabajador lo estime oportuno.

En MADTEST tienes **más preguntas de este tema**, y todos tus avances quedan registrados y se reflejan en el ranking.

**¡Supera tus límites con MADTEST!**

# Solución al test n.º 6

**1.** d) Los delegados de prevención.

**2.** a) La posibilidad de que un trabajador sufra un determinado daño derivado del trabajo.

**3.** c) El empresario.

**4.** b) Una protección eficaz en materia de seguridad y salud en el trabajo.

**5.** c) Conjunto de actividades o medidas adoptadas o previstas en todas las fases de actividad de la empresa con el fin de evitar o disminuir los riesgos derivados del trabajo.

**6.** a) La Ley de Prevención de Riesgos Laborales se aplica a los operativos de Seguridad civil en casos de catástrofe.

**7.** d) Ley 31/1995, de 8 de noviembre

**8.** b) Evaluar los riesgos que se puedan evitar.

**9.** c) 7.

**10.** d) El delegado de personal.

**11.** a) Informar directamente al empresario de cualquier situación que entrañe riesgo para la seguridad o salud de los trabajadores.

**12.** a) Más de 500 trabajadores.

**13.** d) El órgano de representación de personal podrá acordar la paralización de la actividad.

**14.** c) Las enfermedades, patologías o lesiones sufridas con motivo u ocasión del trabajo.

**15.** b) La naturaleza de los agentes físicos, químicos y biológicos presentes en el ambiente de trabajo y sus correspondientes intensidades, concentraciones o niveles de presencia.

**16.** a) La evaluación de riesgos y la planificación de la actividad preventiva.

**17.** a) Deberá realizarse en caso de imposibilidad de adaptación del propio puesto.

**18.** b) El plan de prevención.

**19.** b) La presente Ley tiene por objeto promover la seguridad y la salud de los trabajadores mediante la aplicación de medidas y el desarrollo de las actividades necesarias para la prevención de riesgos derivados del trabajo.

**20.** c) Cuando los riesgos no se puedan evitar o no puedan limitarse.

# TEST N.º 7

## Ley Orgánica 3/2018, de 5 de diciembre, de Protección de Datos Personales y garantía de los derechos digitales: objeto, ámbito de aplicación y principios; derechos de las personas. La Agencia Española de Protección de Datos

**1. Es correcto, conforme a la disposición adicional 3ª de la LO 3/2018, que:**

a) Cuando los plazos se señalen por días, se entiende que estos son naturales.

b) Si el plazo se fija en semanas, concluirá el día anterior al día de la semana en que se produjo el hecho que determina su iniciación en la semana de vencimiento.

c) Si el plazo se fija en años, concluirá el mismo día en que se produjo el hecho que determina su iniciación en el año de vencimiento.

d) Cuando el último día del plazo sea inhábil, se entenderá adelantado al último día hábil anterior.

**2. ¿Qué título de la LO 3/2018, de 5 de diciembre, de Protección de Datos Personales y garantía de los derechos digitales, se refiere a los principios de la protección de datos?**

a) Título I.

b) Título II.

c) Título III.

d) Título IV.

**3. Según el artículo 3 de la LO 3/2018, los requisitos y condiciones para acreditar la validez y vigencia de los mandatos e instrucciones de las personas fallecidas respecto al acceso a los datos personales de éstas por parte de las personas o instituciones que designaran expresamente, serán establecidos:**

a) Por medio de una Directiva europea.

b) Por Ley estatal.

c) Por Ley autonómica.

d) Por Real Decreto.

**4. El artículo 4 de la LO 3/2018 señala que, conforme al artículo 5.1.d) del Reglamento (UE) 2016/679, los datos serán exactos y, si fuere necesario:**

a) Actualizados.
b) Aproximados.
c) Normalizados.
d) Digitalizados.

**5. Conforme al artículo 5.1 de la LO 3/2018, estarán sujetas al deber de confidencialidad:**

a) Únicamente los responsables del tratamiento.
b) Los responsables y encargados del tratamiento.
c) Los responsables y encargados del tratamiento de datos así como todas las personas que intervengan en cualquier fase de este.
d) Los responsables y encargados del tratamiento de datos así como todas las personas que intervengan en todas las fases de este.

**6. Conforme a los artículos 4.11 del RGPD y 6.1 de la LO 3/2018, se entiende por consentimiento del afectado la aceptación, ya sea mediante una declaración o una clara acción afirmativa, del tratamiento de datos personales que le conciernen manifestada por voluntad libre, de forma específica, informada e/y:**

a) Detallada.
b) Unitaria.
c) Inequívoca.
d) Por escrito.

**7. Cuando se pretenda fundar el tratamiento de los datos en el consentimiento del afectado para una pluralidad de finalidades:**

a) Será preciso que conste de manera específica e inequívoca que dicho consentimiento se otorga para todas ellas.
b) Será necesario demostrar que el afectado consintió expresamente e inequívocamente en alguna de las finalidades y, que el resto de finalidades están claramente relacionadas con aquella.
c) El responsable debe demostrar la adecuación de las distintas finalidades a un único objeto.
d) El consentimiento del afectado sólo puede afectar a una finalidad. Cada finalidad precisa un consentimiento propio e independiente.

**8. Conforme al principio de limitación de la finalidad, los datos personales serán recogidos con fines determinados, explícitos y:**

a) Limitados.
b) Transparentes.

c) Compatibles.
d) Legítimos.

**9. Según el artículo 8.1 de la LO 3/2018, el tratamiento de datos personales solo podrá considerarse fundado en el cumplimiento de una obligación legal exigible al responsable:**

a) Cuando así lo prevea una norma de Derecho de la Unión Europea o una norma con rango de ley.
b) Cuando el tratamiento se considere una misión realizada en interés público.
c) Cuando se trate del ejercicio de poderes públicos conferidos al responsable.
d) Cuando el responsable sea un órgano u organismo público.

**10. Conforme al artículo 9 de la LO 3/2018, de 5 de diciembre, de Protección de Datos Personales y garantía de los derechos digitales, cuál de los siguientes trata-mientos de categorías especiales de datos fundados en el Derecho español deberá estar amparado en una norma con rango de ley:**

a) Tratamiento necesario con fines de archivo en interés público, fines de investiga-ción científica o histórica.
b) Tratamiento efectuado, en el ámbito de sus actividades legítimas y con las debidas garantías, por una fundación, una asociación o cualquier otro organismo sin ánimo de lucro, cuya finalidad sea política, filosófica, religiosa o sindical, siempre que el tratamiento se refiera exclusivamente a los miembros actuales o antiguos de tales organismos o a per-sonas que mantengan contactos regulares con ellos en relación con sus fines y siempre que los datos personales no se comuniquen fuera de ellos sin el consentimiento de los interesados.
c) Tratamiento necesario para fines de medicina preventiva o laboral, evaluación de la capacidad laboral del trabajador, diagnóstico médico, prestación de asistencia o tra-tamiento de tipo sanitario o social, o gestión de los sistemas y servicios de asistencia sanitaria y social.
d) Tratamiento referido a datos personales que el interesado ha hecho manifiesta-mente públicos.

**11. Uno de los objetos de la Ley Orgánica 3/2018, de 5 de diciembre, de Protección de Datos Personales y garantía de los derechos digitales, es:**

a) Adaptar el ordenamiento jurídico español al Reglamento General de Protección de Datos y completar sus disposiciones.
b) Establecer las normas relativas a la protección de las personas físicas en lo que res-pecta al tratamiento de los datos personales y las normas relativas a la libre circulación de tales datos.
c) Adaptar el Reglamento General de Protección de Datos al ordenamiento jurídico español y completar sus disposiciones.
d) Garantizar la seguridad de la transferencia de datos entre países de la Unión Europea.

**12. La LO 3/2018, de 5 de diciembre, de Protección de Datos Personales y garantía de los derechos digitales, tiene por objeto garantizar los derechos digitales de la ciudadanía conforme al mandato del artículo de la Constitución:**

a) 9.2.
b) 10.1.
c) 18.4.
d) 20.4.

**13. Señala la opción incorrecta. Conforme al artículo 11.3 de la LO 3/2018, la información básica que el responsable del tratamiento ha de facilitar al afectado, cuando los datos personales se hayan obtenido de éste, debe contener obligatoriamente:**

a) La finalidad del tratamiento.
b) La identidad del responsable del tratamiento y de su representante, en su caso.
c) La posibilidad de ejercer los derechos establecidos en los artículos 15 a 22 del RGPD.
d) Las categorías de datos objeto de tratamiento.

**14. Según el artículo 7.1 de la LO 3/2018, el tratamiento de los datos personales de un menor de edad únicamente podrá fundarse en su consentimiento cuando sea mayor de:**

a) 12 años.
b) 13 años.
c) 14 años.
d) 16 años.

**15. El derecho a la portabilidad de los datos:**

a) Se podrá aplicar a los tratamientos que sean necesario para el cumplimiento de una misión realizada en interés público o en el ejercicio de poderes públicos conferidos al responsable del tratamiento.
b) A diferencia de otros derechos, podrá afectar negativamente a los derechos y libertades de otros.
c) Supone la obligación de que, en todo caso, los datos personales se transmitan directamente de responsable a responsable.
d) Requiere que el tratamiento se efectúe por medios automatizados.

**16. Conforme al artículo 12 de la LO 3/2018, los derechos reconocidos en los artículos 15 a 22 del RGPD:**

a) Sólo podrán ser ejercidos directamente por el afectado.
b) Deberán ejercerse bien directamente por el afectado o por representante legal.
c) Deberán ejercerse bien directamente por el afectado o por representante voluntario.
d) Podrán ejercerse directamente o por medio de representante legal o voluntario.

**17. Según el artículo 12.4 de la LO 3/2018, la prueba del cumplimiento del deber de responder a la solicitud de ejercicio de sus derechos formulado por el afectado recaerá:**

a) Sobre el responsable del tratamiento.
b) Sobre el encargado del tratamiento.
c) Bien sobre el responsable o bien sobre el encargado.
d) Sobre el representante legal del afectado.

**18. En virtud del artículo 12 de la LO 3/2018 es cierto, en relación a los medios para que el afectado pueda ejercer sus derechos, que:**

a) El encargado del tratamiento estará obligado a informar al afectado sobre los medios a su disposición para ejercer los derechos que le corresponden.
b) Los medios deberán ser consensuados con los afectados antes de poner en marcha el tratamiento.
c) Los medios deberán ser fácilmente accesibles para el afectado.
d) El ejercicio del derecho podrá ser denegado cuando el afectado opte por otro medio.

**19. Señala la opción incorrecta. El artículo 15 del RGPD dispone que el Interesado tendrá derecho a obtener del responsable del tratamiento confirmación de si se están tratando o no datos personales que le conciernen y, en tal caso, derecho de acceso a los datos personales y a información sobre la existencia de decisiones automatizadas, incluida la elaboración de perfiles, y, al menos en tales casos, información significativa sobre:**

a) Los demás interesados afectados por las decisiones.
b) La lógica aplicada.
c) La importancia del tratamiento.
d) Las consecuencias previstas de dicho tratamiento.

**20. Conforme al artículo 16 del RGPD, teniendo en cuenta los fines del tratamiento, el interesado tendrá derecho a que se completen los datos personales que sean incompletos, inclusive mediante:**

a) Levantamiento de acta.
b) Certificación de modificación.
c) Una declaración adicional.
d) Elaboración de anexos.

En MADTEST tienes **más preguntas de este tema**, y todos tus avances quedan registrados y se reflejan en el ranking.

**¡Supera tus límites con MADTEST!**

# Solución al test n.º 7

**1.** c) Si el plazo se fija en años, concluirá el mismo día en que se produjo el hecho que determina su iniciación en el año de vencimiento.

**2.** b) Título II.

**3.** d) Por Real Decreto.

**4.** a) Actualizados.

**5.** c) Los responsables y encargados del tratamiento de datos así como todas las personas que intervengan en cualquier fase de este.

**6.** c) Inequívoca.

**7.** a) Será preciso que conste de manera específica e inequívoca que dicho consentimiento se otorga para todas ellas.

**8.** d) Legítimos.

**9.** a) Cuando así lo prevea una norma de Derecho de la Unión Europea o una norma con rango de ley.

**10.** c) Tratamiento necesario para fines de medicina preventiva o laboral, evaluación de la capacidad laboral del trabajador, diagnóstico médico, prestación de asistencia o tratamiento de tipo sanitario o social, o gestión de los sistemas y servicios de asistencia sanitaria y social.

**11.** a) Adaptar el ordenamiento jurídico español al Reglamento General de Protección de Datos y completar sus disposiciones.

**12.** c) 18.4.

**13.** d) Las categorías de datos objeto de tratamiento.

**14.** c) 14 años.

**15.** d) Requiere que el tratamiento se efectúe por medios automatizados.

**16.** d) Podrán ejercerse directamente o por medio de representante legal o voluntario.

**17.** a) Sobre el responsable del tratamiento.

**18.** c) Los medios deberán ser fácilmente accesibles para el afectado.

**19.** a) Los demás interesados afectados por las decisiones.

**20.** c) Una declaración adicional.

# TEST N.º 8

**Ley 2/2011, de 11 de marzo, para la igualdad efectiva de mujeres y hombres y la erradicación de la violencia de género. Título Preliminar: objeto, ámbito de aplicación y conceptos; La integración del principio de igualdad entre mujeres y hombres en la salud (Artículo 20); Igualdad en el empleo público (Capítulo II-Título III)**

**1. ¿En qué artículo constitucional se proclama el derecho a la igualdad?**

a) 1.
b) 14.
c) 23.
d) 43.

**2. El objeto de la Ley 2/2011 lo constituye:**

a) Remover los obstáculos para que la libertad y la igualdad del individuo y de los grupos en que se integra sean efectivas y reales.
b) Reforzar e impulsar la estrategia del enfoque integrado de género.
c) Garantizar la efectiva igualdad de derechos, trato y oportunidades entre mujeres y hombres.
d) Todas las anteriores.

**3. La Ley promueve la presencia equilibrada de mujeres y hombres:**

a) En el ámbito público exclusivamente.
b) En las relaciones sociales.
c) En los ámbitos tanto público como privado.
d) En las personas jurídicas y entidades siempre que cuenten con participación pública.

**4. La Ley aboga por que el principio de igualdad de trato y de oportunidades se aplique de forma:**

a) Solidaria.
b) Transversal.

c) Coordinada.
d) Empoderada.

**5. La ausencia de toda discriminación por razón de sexo, y, especialmente, las derivadas de la maternidad, la asunción de obligaciones familiares y el estado civil es lo que se denomina**

a) Discriminación directa.
b) Discriminación positiva.
c) Discriminación indirecta.
d) Igualdad de trato.

**6. Se considera "acoso por razón de sexo":**

a) La violencia como manifestación de la discriminación, la situación de desigualdad y las relaciones de poder de los hombres sobre las mujeres.
b) La discriminación, directa o indirecta, por razón de sexo, especialmente, derivada de la maternidad, la asunción de obligaciones familiares y el estado civil.
c) El comportamiento realizado en función del sexo de una persona, con el propósito de atentar contra su dignidad.
d) Cualquiera de las situaciones anteriores.

**7. Se denomina "integración del principio de igualdad entre mujeres y hombres en la salud":**

a) Al mantenimiento y mejora del nivel de salud de mujeres y hombres promoviendo la desaparición de las desigualdades de género en el campo de la salud.
b) Al derecho a la información referente al lugar de prestación de los servicios de atención, emergencia, apoyo y recuperación integral.
c) Al reconocimiento del derecho a la atención, emergencia, apoyo y acogida y recuperación integral de las mujeres víctimas de violencia de género.
d) A la defensa y representación gratuitas por abogado y procurador en todos los procesos y procedimientos administrativos que tengan causa directa o indirecta en la violencia padecida.

**8. ¿Qué medidas prevé la Ley para la detección, atención y apoyo a las mujeres víctimas de violencia de género?**

a) La asistencia de la Policía Judicial.
b) La Elaboración de protocolos de atención y coordinación.
c) La tipicidad de delitos en el ámbito preventivo.
d) La prestación de medidas de carácter económico.

**9. Para garantizar la igualdad en el empleo público, se prevé legalmente que la Administración del Principado de Asturias:**

a) Promueva la presencia equilibrada de mujeres y hombres en los órganos de selección y valoración.

b) Facilite la conciliación de la vida personal, familiar y laboral, con menoscabo de la promoción profesional.

c) Establezca medidas para potenciar cualquier discriminación retributiva, directa o indirecta, por razón de sexo.

d) Cualquiera de las anteriores.

**10. ¿Qué órgano del Principado de Asturias corresponde la aprobación del Plan de Igualdad en la Administración?**

a) A la persona titular de la Consejería competente en materia de políticas de Igualdad.

b) A la persona titular de la Consejería competente en materia de función pública.

c) Al Presidente del Principado de Asturias.

d) Al Consejo de Gobierno.

**11. ¿Y quién se encarga de hacer la propuesta para su aprobación?**

a) Unidad de Selección de Personal.

b) Subdirección de Evaluación y Planificación de Recursos Humanos.

c) Subdirección de Profesionales.

d) Oficina de Coordinación de Prevención de Riesgos Laborales y Salud Laboral.

**12. ¿Y la evaluación de su cumplimiento?**

a) El Instituto Asturiano de la Mujer.

b) La persona titular de la Consejería competente en materia de función pública.

c) La persona titular de la Consejería competente en materia de políticas de Igualdad.

d) Las personas a que se refieren las letras b y c, conjuntamente.

**13. El eje "Cultura de la organización" del I Plan de Igualdad de la Administración del Principado de Asturias, contiene los objetivos a alcanzar para:**

a) La visibilización de las desigualdades.

b) La presencia de la mujer en los centros de poder.

c) La implantación de sistemas de sistemas estratégicos transversales.

d) La integración del principio de igualdad.

**14. La celebración de reuniones dentro del horario fijo de trabajo: de 9:00 a 14.00 horas es un objetivo recogido en el del I Plan de Igualdad de la Administración del Principado de Asturias dentro del eje dedicado a:**

a) Los procesos de trabajo.

b) Las personas.

c) La cultura de la organización.
d) Ninguna es correcta.

**15. La integración de la perspectiva de género en los procesos habituales de trabajo es un objetivo del I Plan de Igualdad recogido en el eje de:**

a) Los procesos de trabajo.
b) La cultura de la organización.
c) Las medidas transversales.
d) Las personas.

**16. ¿Cuál de los siguientes elementos puede ser causa de discriminación según el principio de igualdad de trato?**

a) Nacionalidad.
b) Maternidad.
c) Nivel de estudios.
d) Lugar de residencia.

**17. ¿Cuál es uno de los objetivos principales del Principado de Asturias en el ámbito de la salud?**

a) Incrementar la inversión en tecnología sanitaria exclusivamente femenina.
b) Promover la desaparición de las desigualdades de género en la salud.
c) Garantizar atención médica solo para mujeres víctimas de violencia de género.
d) Priorizar enfermedades cardiovasculares en población masculina.

**18. ¿Qué eje del I Plan de Igualdad se refiere a la integración del principio de igualdad en la cultura organizacional?**

a) El eje de procesos de trabajo.
b) El eje de políticas públicas.
c) El eje de cultura de la organización.
d) El eje normativo.

**19. ¿Qué herramienta se pondrá en marcha para facilitar la conciliación en el empleo público?**

a) Reducción obligatoria de jornada para mujeres.
b) Un sistema de guarderías internas.
c) Una bolsa de horas para cubrir necesidades de conciliación.
d) Exención de guardias para el personal con hijos.

**20. ¿Qué finalidad tiene el análisis de datos desagregados por sexo?**

a) Reforzar las estadísticas nacionales exclusivamente.
b) Comprobar la eficiencia financiera de la Administración.
c) Conocer la situación diferenciada de mujeres y hombres.
d) Estudiar la natalidad y la fecundidad de la región.

En MADTEST tienes **más preguntas de este tema**, y todos tus
avances quedan registrados y se reflejan en el ranking.

**¡Supera tus límites con MADTEST!**

# Solución al test n.º 8

**1.** b) 14.

**2.** c) Garantizar la efectiva igualdad de derechos, trato y oportunidades entre mujeres y hombres.

**3.** c) En los ámbitos tanto público como privado.

**4.** b) Transversal.

**5.** d) Igualdad de trato.

**6.** c) El comportamiento realizado en función del sexo de una persona, con el propósito de atentar contra su dignidad.

**7.** a) Al mantenimiento y mejora del nivel de salud de mujeres y hombres promoviendo la desaparición de las desigualdades de género en el campo de la salud.

**8.** b) La Elaboración de protocolos de atención y coordinación.

**9.** a) Promueva la presencia equilibrada de mujeres y hombres en los órganos de selección y valoración.

**10.** d) Al Consejo de Gobierno.

**11.** d) Oficina de Coordinación de Prevención de Riesgos Laborales y Salud Laboral.

**12.** d) Las personas a que se refieren las letras b y c, conjuntamente.

**13.** d) La integración del principio de igualdad.

**14.** b) Las personas.

**15.** a) Los procesos de trabajo.

**16.** b) Maternidad.

**17.** b) Promover la desaparición de las desigualdades de género en la salud.

**18.** c) El eje de cultura de la organización.

**19.** c) Una bolsa de horas para cubrir necesidades de conciliación.

**20.** c) Conocer la situación diferenciada de mujeres y hombres.

# TEST N.º 9

**Ley 7/2019, de 29 de marzo, de Salud. Estructura orgánica y funcionamiento (Sección Primera, Capítulo Dos del Título IX). Organización territorial del Servicio de Salud del Principado de Asturias (Capítulo III del Decreto 189/2023, de 15 de septiembre, por el que se establece la estructura orgánica básica de los órganos de dirección y gestión del Servicio de Salud del Principado de Asturias)**

**1. El Sespa es:**

a) Un organismo autónomo.
b) Un Ente de Derecho Público.
c) Una Fundación.
d) Un Ente de Derecho Público dotado de personalidad jurídica plena.

**2. El principal instrumento de planificación territorial sanitaria de la Comunidad Autónoma asturiana para la correcta asignación de los recursos, incluyendo la sectorización de los servicios, es:**

a) Los distritos de Salud.
b) Las Áreas sanitarias.
c) El Mapa sanitario.
d) Zonas Especiales de salud.

**3. El Sistema Sanitario del Principado de Asturias se ordena en demarcaciones territoriales denominadas:**

a) Zonas Básicas de Salud.
b) Las Áreas sanitarias.
c) Áreas de Salud.
d) Los distritos de Salud.

**4. ¿Cuándo pueden constituirse Zonas Especiales de Salud en Asturias?**

a) Cuando no existan Áreas de Salud.

b) Cuando concurran singulares condiciones socioeconómicas, demográficas y de comunicaciones.

c) Cuando además del equipo de atención primaria coexistan en la zona equipos de atención especializada.

d) Cuando no se aconseje constituir Distritos de Salud.

**5. ¿Quién asume la presidencia del Consejo de Administración del Servicio de Salud del Principado de Asturias?**

a) El Director Gerente.

b) El Secretario General.

c) El Consejero competente en materia de sanidad.

d) Ninguna es correcta.

**6. ¿Cuántos Vocales designados por las Consejerías competentes en materia de función pública y en materia económica y presupuestaria componen el Consejo de Administración del Sespa?**

a) Cuatro.

b) Tres.

c) Dos.

d) Uno.

**7. La Memoria Anual del Sespa la aprueba:**

a) El Consejero competente en materia de Sanidad.

b) La Dirección Gerencia.

c) El Consejo de Dirección.

d) El Consejo de Administración.

**8. ¿Quién ostenta la representación legal del Sespa en todo tipo de actuaciones judiciales y extrajudiciales?**

a) El Consejo de Administración.

b) La Dirección Gerencia.

c) El Consejo de Dirección.

d) El Consejo de Salud de Zona.

**9. El órgano de participación comunitaria en el Área de Salud se denomina:**

a) Consejo de Salud de Zona.

b) Gerencia del Área de Salud.

c) Consejo de Dirección.
d) Consejo de Salud de Área.

**10. ¿Qué órgano es el encargado de nombrar al personal estatutario y contratar al personal laboral del Sespa?**

a) El Consejo de Dirección.
b) El Director Gerente.
c) El Consejo de Administración.
d) El consejero competente en materia de Sanidad.

**11. ¿A quién le corresponde la promoción de protocolos de actuación que garanticen la máxima eficacia y eficiencia ante problemas relevantes de salud de la población?**

a) A la Dirección de atención y evaluación sanitaria.
b) A la Dirección de Profesionales.
c) A la Dirección Económico-financiera y de infraestructuras.
d) A la Dirección de Coordinación, Resultados en Salud y Comunicación.

**12. La Unidad de Coordinación del Programa Marco de Atención a Urgencias y Emergencias Sanitarias, se adscribe a:**

a) La Dirección de Profesionales.
b) La Dirección Económico-financiera y de infraestructuras.
c) La Dirección de Coordinación, Resultados en Salud y Comunicación.
d) La Dirección de atención y evaluación sanitaria.

**13. Subdirección de Organización de Servicios Sanitarios asume la función de:**

a) Seguimiento de la implantación de los planes de cuidados.
b) Coordinación y desarrollo de los planes y estrategias de cuidados en el conjunto de centros y unidades del Sespa.
c) Desarrollo y aplicación de medidas de promoción de la salud.
d) Coordinación, evaluación y control de las actividades asistenciales de las Áreas de Salud.

**14. La función de instruir los procedimientos disciplinarios al personal de las instituciones y centros sanitarios públicos dependientes del Sespa corresponde:**

a) A la Dirección de profesionales.
b) A la Subdirección de Organización de Servicios Sanitarios.
c) Al Servicio de Inspección.
d) A la Subdirección de Organización de Servicios Sanitarios.

**15. Indique la opción correcta en relación a la Dirección de Profesionales:**

a) Tiene como función la gestión de la prestación farmacéutica de las Áreas de Salud.

b) Le corresponde elaborar los criterios y especificaciones técnicas para incorporar y adquirir medicamentos.

c) De esta Dirección depende la Subdirección de Profesionales.

d) La identificación de propuestas orientadas a optimizar la gestión y funcionamiento de las instalaciones que integran el Sespa.

**16. La Unidad de Selección de Personal se configura en:**

a) La Subdirección de Evaluación y Planificación de Recursos Humanos.

b) La Unidad de Costes y Sistemas de Información de Personal.

c) El Servicio de Inspección.

d) Oficina de Coordinación de Prevención de Riesgos Laborales y Salud Laboral.

**17. Corresponde a la Dirección de Gestión Económico-Financiera y de Infraestructuras las siguientes funciones:**

a) La aplicación, en el ámbito del Sespa, de las políticas económico-financieras y de aprovisionamiento y distribución de bienes y servicios necesarios para la actividad de atención sanitaria.

b) El asesoramiento a la Dirección Gerencia en la elaboración del anteproyecto de presupuesto y modificaciones presupuestarias del Sespa.

c) El control, seguimiento y evaluación de la ejecución del presupuesto del Sespa.

d) Todas son correctas.

**18. La Dirección Económico-Financiera y de Infraestructuras se estructura en la unidad de:**

a) Subdirección de Gestión.

b) Oficina de Coordinación de Prevención de Riesgos Laborales y Salud Laboral.

c) Unidad de Costes y Sistemas de Información de Personal.

d) Ninguna es correcta.

**19. La coordinación en materia de prevención de riesgos laborales en el ámbito del Sespa, sin perjuicio de las competencias atribuidas a otros organismos, es una competencia de:**

a) Unidad de Selección de Personal.

b) Subdirección de Evaluación y Planificación de Recursos Humanos.

c) Subdirección de Profesionales.

d) Oficina de Coordinación de Prevención de Riesgos Laborales y Salud Laboral.

**20. Indique cuál de las siguientes funciones corresponde a la Dirección de Gestión Económico-Financiera y de Infraestructuras:**

a) La definición funcional, explotación y control de los sistemas de información necesarios para el ejercicio de sus funciones.

b) El establecimiento de los criterios del aprovisionamiento y gestión logística del Sespa y de las líneas generales de compras de suministros y servicios en el ámbito de su competencia.

c) El impulso y coordinación de las acciones de implantación de sistemas de información que resulten derivados de la planificación estratégica definida por la Consejería.

d) Todas son correctas.

En MADTEST tienes **más preguntas de este tema**, y todos tus avances quedan registrados y se reflejan en el ranking.

**¡Supera tus límites con MADTEST!**

# Solución al test n.º 9

**1.** b) Un Ente de Derecho Público.

**2.** c) El Mapa sanitario.

**3.** c) Áreas de Salud.

**4.** b) Cuando concurran singulares condiciones socioeconómicas, demográficas y de comunicaciones.

**5.** c) El Consejero competente en materia de sanidad.

**6.** c) Dos.

**7.** d) El Consejo de Administración.

**8.** b) La Dirección Gerencia.

**9.** d) Consejo de Salud de Área.

**10.** b) El Director Gerente.

**11.** a) A la Dirección de atención y evaluación sanitaria.

**12.** d) La Dirección de atención y evaluación sanitaria.

**13.** d) Coordinación, evaluación y control de las actividades asistenciales de las Áreas de Salud.

**14.** c) Al Servicio de Inspección.

**15.** c) De esta Dirección depende la Subdirección de Profesionales.

**16.** a) La Subdirección de Evaluación y Planificación de Recursos Humanos.

**17.** d) Todas son correctas.

**18.** a) Subdirección de Gestión.

**19.** d) Oficina de Coordinación de Prevención de Riesgos Laborales y Salud Laboral.

**20.** d) Todas son correctas.

# TEST PARTE ESPECÍFICA

## Metodología de la investigación: técnicas cualitativas y cuantitativas. Fuentes de datos. Estudios descriptivos y analíticos del laboratorio. El papel del Técnico Especialista

**1. En cuanto la metodología de la investigación, las limitaciones del método científico son:**

a) No tiene limitaciones.
b) El consentimiento informado de los participantes no es obligatorio.
c) Problemas morales o éticos.
d) Las opciones a) y b) son verdaderas.

**2. En cuanto la metodología de la investigación, la actividad investigadora debe centrarse en:**

a) Descripción o exploración.
b) Búsqueda de causalidad.
c) Asegurar la confidencialidad.
d) Todas las opciones anteriores son correctas.

**3. Tomando como referencia la estructura metodológica de un trabajo científico, la búsqueda y revisión bibliográfica la podemos encuadrar en:**

a) Fase preparatoria o preliminar.
b) Planificación.
c) Recogida de datos.
d) Análisis de los datos.

**4. En cuanto a la estructura metodológica de un trabajo científico, el cronograma de actividades se lleva a cabo en la fase:**

a) De recogida de datos.
b) De análisis e interpretación de los resultados.
c) Preliminar.
d) De planificación.

**5. El estudio que evalúa la eficacia, eficiencia y efectividad del programa educacional o de salud se denomina:**

a) Estudio de intervención descriptivo.
b) Estudio de Cohorte.
c) Estudio transversal.
d) Estudio prospectivo.

**6. ¿En qué método de investigación se da una mayor atención al significado de los resultados y no tanto a su generalización?**

a) Cuantitativo.
b) Cualitativo.
c) Semicuantitativo.
d) Semicualitativo.

**7. ¿Qué técnicas de las siguientes se emplean en investigación en los estudios cualitativos?**

a) Medición de variables.
b) La observación participante y las entrevistas no estructuradas.
c) Las opciones a) y b) son ciertas.
d) Nada de lo anterior se utiliza en estudios cualitativos.

**8. ¿Qué cualidad de las relaciones humanas se emplea con los sujetos de estudio en los métodos cualitativos en investigación?**

a) Precocidad.
b) Empatía.
c) Persuasión.
d) Tacto.

**9. ¿Qué aspecto de estos no pertenece al método o paradigma cualitativo en investigación?**

a) Holista.
b) Realidad dinámica.
c) Fenomenología y comprensión, observación naturalista, sin control.
d) Orientado al resultado.

**10. ¿Qué método exclusivo de investigación es aquella en la que se recogen y analizan datos cuantitativos sobre variables?**

a) Cuantitativo.
b) Cualitativo.
c) Semicuantitativo.
d) Semicualitativo.

**11. ¿Qué técnica o método cualitativo mediante los sentidos acerca a una realidad para indagar sobre la misma, ayudados en ocasiones por instrumentos tecnológicos, tales como herramientas de audio, de vídeo, fotografía...?**

a) La observación.
b) La entrevista.
c) Los grupos de discusión.
d) Los documentales.

**12. ¿Cuáles son las áreas en salud más estudiadas cualitativamente desde las ciencias sociales (según Nigenda y Langer)?**

a) Etnomedicina.
b) Biología y su relación con la psicología médica.
c) Alimentación e higiene en países africanos y problemas sociosanitarios derivados.
d) Son todas las anteriores.

**13. ¿Qué afirmación del proceso de los estudios cualitativos no es cierta?**

a) Los datos recogidos deben ser fidedignos.
b) La forma de recoger los datos debe ser metódica.
c) Los datos recogidos deben ser de calidad y relevantes.
d) El análisis de los datos consiste solo en describirlos.

**14. Respecto a la investigación cualitativa todo lo que se expone es cierto, excepto:**

a) La observación en este tipo de estudios es muy amplia y poco detallada.
b) Todos los aspectos del ámbito de estudio de lo observado tiene valor para entender un contexto.
c) La teoría y la práctica se van entremezclando a lo largo de la investigación, de forma que los primeros datos van generando una idea teórica a partir de la cual se continúa la búsqueda de nuevos indicios importantes según la misma.
d) Se intenta entender la situación como un todo o de forma holística.

**15. ¿Qué se define como la capacidad de entender nuestros propios pensamientos y sentimientos que dan sentido a nuestras acciones?**

a) Asertividad.
b) Introspección.
c) Empatía.
d) Estabilidad.

**16. ¿Qué técnica del método observacional, según su estructuración, es más difícil de llevar a la práctica?**

a) La muy sistematizada.
b) La ocasional o no controlada.

c) La observación no sistematizada.
d) La poco sistematizada o controlada.

**17. La experimentación de campo dentro del método observacional, se denomina también observación:**

a) Ocasional.
b) Muy sistematizada.
c) No sistematizada.
d) Controlada.

**18. ¿Qué técnica de registro de la información en el método observacional controlado es aquella que emplea plantilla donde se registran los datos?**

a) Registro narrativo.
b) Código arbitrario.
c) Método clínico.
d) Lista de datos.

**19. ¿Qué entrevista es aquella en la que el investigador elabora un plan o guía sobre lo que necesita conocer del entrevistado?**

a) De asesoramiento.
b) Planificada.
c) Focalizada.
d) Colectiva.

**20. ¿Qué tipo de muestreo es aquella en la que queremos que haya una representación proporcional de cada grupo o estrato en que la población está dividida?**

a) Aleatorio simple.
b) Aleatorio estratificado.
c) Por etapas.
d) No probabilístico.

En MADTEST tienes **más preguntas de este tema**, y todos tus avances quedan registrados y se reflejan en el ranking.

**¡Supera tus límites con MADTEST!**

# Solución al test n.º 10

**1.** c) Problemas morales o éticos.

**2.** d) Todas las opciones anteriores son correctas.

**3.** a) Fase preparatoria o preliminar.

**4.** d) De planificación.

**5.** a) Estudio de intervención descriptivo.

**6.** b) Cualitativo.

**7.** b) La observación participante y las entrevistas no estructuradas.

**8.** b) Empatía.

**9.** d) Orientado al resultado.

**10.** a) Cuantitativo.

**11.** a) La observación.

**12.** a) Etnomedicina.

**13.** d) El análisis de los datos consiste solo en describirlos.

**14.** a) La observación en este tipo de estudios es muy amplia y poco detallada.

**15.** b) Introspección.

**16.** a) La muy sistematizada.

**17.** b) Sistematizada.

**18.** b) Código arbitrario.

**19.** b) Planificada.

**20.** b) Aleatorio estratificado.

# TEST N.º 11

**Epidemiología y método epidemiológico: epidemiología de las enfermedades transmisibles; infección nosocomial: barreras higiénicas, consecuencias de las infecciones nosocomiales; gestión de los residuos sanitarios: clasificación, transporte, eliminación y tratamiento. Asepsia y esterilización: sepsis, asepsia, esterilización y desinfección. Manejo de materiales estériles: riesgos derivados del manejo de sustancias químicas y aparatos en el laboratorio de análisis clínicos; enfermedades profesionales**

**1. ¿Cuál de las siguientes afirmaciones corresponde a una epidemia?**

a) Presencia constante de una enfermedad en una población determinada.
b) Aparición de una enfermedad en varios continentes simultáneamente.
c) Número de casos de una enfermedad que excede lo esperado en una población.
d) Brote leve y localizado de una enfermedad infecciosa.

**2. ¿Cuál es una función del método epidemiológico en su etapa descriptiva?**

a) Evaluar la eficacia de los programas sanitarios.
b) Determinar relaciones causales entre variables.
c) Tabular y clasificar los datos observados.
d) Experimentar con hipótesis formuladas.

**3. ¿Cuál de los siguientes factores mide la capacidad del agente para multiplicarse en los tejidos?**

a) Contagiosidad.
b) Patogenicidad.
c) Infectividad.
d) Virulencia.

**4. ¿Qué tipo de infección hospitalaria es más prevalente en pacientes con traqueotomía?**

a) Infección urinaria.
b) Infección quirúrgica.
c) Bacteriemia.
d) Infección respiratoria.

**5. ¿Qué característica define a un agente biológico del grupo 4?**

a) No puede cultivarse en laboratorio.
b) No existe riesgo para la colectividad.
c) Presenta tratamiento eficaz conocido.
d) Supone peligro grave y no tiene profilaxis eficaz.

**6. ¿Cuál de las siguientes medidas preventivas tiene eficacia lógica según la clasificación de Eickhoff?**

a) Lavado de manos.
b) Sistemas de vigilancia epidemiológica.
c) Luz ultravioleta.
d) Control bacteriológico del ambiente.

**7. ¿Qué tipo de estudio permite evaluar la eficacia de las intervenciones sanitarias?**

a) Estudios descriptivos.
b) Estudios experimentales.
c) Estudios ecológicos.
d) Estudios transversales.

**8. ¿Cuál de las siguientes enfermedades es de declaración obligatoria urgente en España?**

a) Giardiasis.
b) Gripe humana por un nuevo subtipo de virus.
c) Listeriosis.

**9. ¿Cuál es el microorganismo más frecuentemente aislado en las IRAS según el informe EPINE 2024?**

a) Enterococcus faecalis.
b) Escherichia coli.
c) Staphylococcus aureus.
d) Klebsiella pneumoniae.

**10. ¿Qué tipo de barrera higiénica corresponde al uso de filtros en sistemas de ventilación hospitalaria?**

a) Barrera educativa.
b) Barrera química.
c) Barrera estructural.
d) Barrera inmunológica.

**11. ¿Cuál de las siguientes situaciones describe una infección endógena en el hospital?**

a) Transmisión a través del personal sanitario.
b) Contagio por instrumental contaminado.
c) Proliferación de flora comensal propia del paciente.
d) Contacto con pacientes infectados.

**12. ¿Cuál de las siguientes opciones se considera una zoonosis de tipo profesional?**

a) Lepra.
b) Brucelosis.
c) Gripe.
d) Rubeola.

**13. ¿Qué medida tiene eficacia probada para la prevención de infecciones nosocomiales según Eickhoff?**

a) Control bacteriológico rutinario.
b) Luz ultravioleta.
c) Uso de guantes.
d) Flujo laminar.

**14. ¿Qué característica define a un portador convaleciente?**

a) Está en periodo de incubación de la enfermedad.
b) No presenta síntomas pero elimina gérmenes tras la curación.
c) Presenta síntomas intensos y prolongados.
d) Alberga microorganismos no patógenos.

**15. ¿Cuál es el propósito principal de la prevención terciaria?**

a) Evitar la exposición a factores de riesgo.
b) Detectar la enfermedad en fases asintomáticas.
c) Diagnosticar precozmente una patología.
d) Prevenir complicaciones o secuelas irreversibles.

**16. ¿Cuál es el vector biológico del paludismo?**

a) Plasmodium malariae.
b) Señor X.
c) Mosquito Anopheles hembra.
d) Señor Y.

**17. ¿Cuál es el factor más relevante en la patogenicidad de un agente causal?**

a) Tamaño del microorganismo.
b) Cantidad de antígenos.
c) Respuesta inmunitaria del huésped.
d) Tiempo de incubación.

**18. ¿Qué vía es la más frecuente en la transmisión de enfermedades infecciosas?**

a) Transplacentaria.
b) Digestiva.
c) Respiratoria.
d) Cutánea.

**19. ¿Qué tipo de microorganismo suele asociarse a una infección nosocomial en pacientes inmunodeprimidos?**

a) Escherichia coli.
b) Klebsiella pneumoniae.
c) Candida albicans.
d) Mycobacterium tuberculosis.

**20. ¿Qué define una enfermedad de declaración obligatoria urgente?**

a) Enfermedad endémica con bajo riesgo comunitario.
b) Enfermedad transmisible por agua o alimentos.
c) Infección vírica sin posibilidad de tratamiento.
d) Enfermedad con potencial de rápida propagación y gravedad.

En MADTEST tienes **más preguntas de este tema**, y todos tus avances quedan registrados y se reflejan en el ranking.

**¡Supera tus límites con MADTEST!**

# Solución al test n.º 11

**1.** c) Número de casos de una enfermedad que excede lo esperado en una población.

**2.** c) Tabular y clasificar los datos observados.

**3.** c) Infectividad.

**4.** d) Infección respiratoria.

**5.** d) Supone peligro grave y no tiene profilaxis eficaz.

**6.** b) Sistemas de vigilancia epidemiológica.

**7.** b) Estudios experimentales.

**8.** b) Gripe humana por un nuevo subtipo de virus.

**9.** b) Escherichia coli.

**10.** c) Barrera estructural.

**11.** c) Proliferación de flora comensal propia del paciente.

**12.** b) Brucelosis.

**13.** c) Uso de guantes.

**14.** b) No presenta síntomas pero elimina gérmenes tras la curación.

**15.** d) Prevenir complicaciones o secuelas irreversibles.

**16.** c) Mosquito Anopheles hembra.

**17.** c) Respuesta inmunitaria del huésped.

**18.** c) Respiratoria.

**19.** c) Candida albicans.

**20.** d) Enfermedad con potencial de rápida propagación y gravedad.

**Riesgos derivados del manejo de sustancias químicas, radiactivas y biológicas. Efectos tóxicos de los disolventes orgánicos. Evaluación y prevención. Manejo de los residuos en laboratorio: clasificación, transporte, eliminación y tratamiento de los residuos. Segregación de residuos y envasado**

**1. ¿Cuál de los siguientes efectos está relacionado con la toxicidad crónica de los disolventes orgánicos?**

a) Irritación ocular leve.
b) Náuseas transitorias.
c) Degeneración del sistema nervioso central.
d) Enrojecimiento de la piel.

**2. ¿Qué tipo de residuo representa una mayor peligrosidad biológica en un laboratorio clínico?**

a) Vidrio roto sin restos.
b) Pipetas con colorantes.
c) Muestras de sangre humana.
d) Soluciones salinas.

**3. ¿Cuál de los siguientes efectos es característico de la exposición aguda a disolventes volátiles?**

a) Daño hepático irreversible.
b) Somnolencia y mareos.
c) Anemia aplásica.
d) Carcinogénesis comprobada.

**4. ¿Qué debe hacerse con los residuos químicos incompatibles entre sí?**

a) Mezclarlos en contenedor amarillo.
b) Diluirlos y verterlos al fregadero.

c) Guardarlos en el mismo envase.
d) Separarlos en recipientes independientes claramente etiquetados.

### 5. ¿Qué propiedad es típica de los agentes químicos carcinógenos?

a) Producen inflamación transitoria.
b) Generan efectos inmediatos.
c) Tienen latencia prolongada antes de manifestar daño.
d) Son inofensivos si se usan con guantes.

### 6. ¿Qué material se utiliza para envasar residuos cortopunzantes en laboratorio?

a) Bolsa negra de polietileno.
b) Caja de cartón con asas.
c) Contenedor rígido, estanco y resistente a perforaciones.
d) Bolsa de residuos urbanos.

### 7. ¿Cuál de las siguientes prácticas aumenta el riesgo por manipulación de sustancias volátiles?

a) Trabajar bajo campana extractora.
b) Tapar los recipientes después del uso.
c) Inhalar directamente para identificar un producto.
d) Utilizar guantes de nitrilo.

### 8. ¿Qué tipo de residuo se considera biosanitario específico?

a) Papel contaminado con tinta.
b) Tubos con suero humano.
c) Guantes limpios.
d) Restos de comida.

### 9. ¿Cuál de los siguientes efectos pueden producir los agentes radiactivos a nivel celular?

a) Activación mitocondrial.
b) Daño en el ADN y muerte celular.
c) Mejora del metabolismo celular.
d) Formación de proteínas protectoras.

### 10. ¿Qué procedimiento es adecuado para el transporte interno de residuos peligrosos en el laboratorio?

a) A pie con los recipientes abiertos.
b) En bolsas plásticas sin etiquetar.

c) En carritos cerrados y resistentes.
d) Todas son correctas.

**11. ¿Qué medida preventiva es más adecuada al manipular sustancias químicas volátiles?**

a) Uso de doble guante quirúrgico.
b) Evitar el uso de gafas de seguridad.
c) Trabajo dentro de vitrina con extracción.
d) Lavado de manos posterior.

**12. ¿Qué propiedad tienen los residuos radiactivos de vida corta (<30 días)?**

a) Deben almacenarse hasta que se vuelvan no radiactivos.
b) Son eliminables con los residuos orgánicos.
c) Pueden mezclarse con residuos infecciosos.
d) No requieren etiquetado especial.

**13. ¿Qué efecto puede tener el tolueno en exposición prolongada?**

a) Daño hepático.
b) Ceguera irreversible.
c) Trombosis arterial.
d) Hipoglucemia.

**14. ¿Cuál de los siguientes residuos pertenece al grupo III (biosanitarios específicos)?**

a) Papel de laboratorio.
b) Pañuelos de celulosa sin contaminar.
c) Cultivos celulares patógenos.
d) Material de oficina.

**15. ¿Cuál de las siguientes prácticas debe evitarse durante la manipulación de residuos peligrosos?**

a) Identificación clara de envases.
b) Apertura manual de las bolsas.
c) Uso de guantes de protección.
d) Transporte en contenedor estanco.

**16. ¿Qué indica el símbolo de un círculo negro con fondo blanco y cruz roja sobre fondo amarillo?**

a) Corrosivo.
b) Infeccioso.

c) Radiactivo.
d) Explosivo.

**17. ¿Cuál es el tratamiento recomendado para residuos citotóxicos?**

a) Eliminación en el fregadero con abundante agua.
b) Inactivación mediante lejía doméstica.
c) Incineración a alta temperatura en plantas autorizadas.

**18. ¿Qué tipo de guantes se recomiendan para la manipulación de disolventes orgánicos?**

a) Látéx sin polvo.
b) Nitrilo o neopreno resistentes a químicos.
c) Algodón transpirable.
d) PVC fino de un solo uso.

**19. ¿Qué grupo de residuos incluye restos de medicamentos citostáticos?**

a) Grupo I.
b) Grupo II.
c) Grupo III.
d) Grupo IV.

**20. ¿Qué documento debe acompañar obligatoriamente a los residuos químicos durante su transporte?**

a) Licencia médica.
b) Hoja de seguridad (MSDS).
c) Registro contable.
d) Hoja de cálculo.

En MADTEST tienes **más preguntas de este tema**, y todos tus avances quedan registrados y se reflejan en el ranking.

**¡Supera tus límites con MADTEST!**

# Solución al test n.º 12

**1.** c) Degeneración del sistema nervioso central.

**2.** c) Muestras de sangre humana.

**3.** b) Somnolencia y mareos.

**4.** d) Separarlos en recipientes independientes claramente etiquetados.

**5.** c) Tienen latencia prolongada antes de manifestar daño.

**6.** c) Contenedor rígido, estanco y resistente a perforaciones.

**7.** c) Inhalar directamente para identificar un producto.

**8.** b) Tubos con suero humano.

**9.** b) Daño en el ADN y muerte celular.

**10.** c) En carritos cerrados y resistentes.

**11.** c) Trabajo dentro de vitrina con extracción.

**12.** a) Deben almacenarse hasta que se vuelvan no radiactivos.

**13.** a) Daño hepático.

**14.** c) Cultivos celulares patógenos.

**15.** b) Apertura manual de las bolsas.

**16.** b) Infeccioso.

**17.** c) Incineración a alta temperatura en plantas autorizadas.

**18.** b) Nitrilo o neopreno resistentes a químicos.

**19.** d) Grupo IV.

**20.** b) Hoja de seguridad (MSDS).

# TEST N.º 13

**Calidad y seguridad del paciente: conceptos generales de calidad, aplicación de sistemas de gestión de la calidad en el laboratorio clínico. Calidad en el Sistema Nacional de Salud. Normas ISO aplicables en el laboratorio clínico. Procesos de certificación y acreditación en el laboratorio clínico. Garantía de calidad en el laboratorio. Control de calidad de la fase preanalítica, analítica y postanalítica. Concepto de error y tipo de errores en el laboratorio. Especificaciones de calidad analítica. Técnicas "rápidas" en un laboratorio de urgencias de respuesta inmediata**

**1. ¿Qué implica el concepto de eficiencia en el sistema sanitario?**

a) Lograr resultados con el mínimo uso de recursos.
b) Utilizar más recursos para asegurar resultados.
c) Reducir la calidad para ahorrar costos.
d) Aumentar el gasto sin importar los resultados.

**2. ¿Qué dimensión de la calidad se refiere a la capacidad de los servicios para mejorar el estado de salud de los pacientes?**

a) Eficiencia.
b) Eficacia.
c) Equidad.
d) Continuidad.

**3. ¿Qué aspecto se evalúa en la dimensión de "seguridad" en la calidad asistencial?**

a) La satisfacción del paciente.
b) La minimización de riesgos y errores en la atención sanitaria.
c) La accesibilidad a los servicios.
d) El nivel de confort del paciente.

**4. ¿Qué término se utiliza para describir la relación entre el costo de los recursos utilizados y los resultados obtenidos?**

a) Eficacia.
b) Aceptabilidad.
c) Eficiencia.
d) Continuidad.

**5. En un sistema de gestión de la calidad, el documento que especifica la política de calidad, los objetivos de la organización, la gestión del equipamiento, fungibles, política medioambiental, etc., que debe de hacerse en el laboratorio, se conoce como:**

a) Plan de calidad.
b) Manual de calidad.
c) Guía de calidad.
d) Procedimientos de calidad.

**6. ¿Cuál de los siguientes enunciados no corresponde con alguno de los atributos que debe tener un indicador para que sea considerado como bueno?**

a) Sensibilidad.
b) Fiabilidad.
c) Validez.
d) Eficacia.

**7. La ENAC (Entidad Nacional de Acreditación) define las desviaciones del proceso analítico como:**

a) Cualquier incumplimiento de los requisitos de certificación.
b) Cualquier incumplimiento de los requisitos de acreditación.
c) Cualquier incumplimiento de los requisitos de normalización.
d) Cualquier causa de incidencia.

**8. ¿Cuál de las norma ISO definen la "mejora de la calidad"?**

a) ISO 17500.
b) ISO 8402.
c) ISO 9001.
d) ISO 3000.

**9. El Sistema de Calidad del Laboratorio, como todos los Sistemas de Gestión de Calidad se basan en los términos PDCA: planificar, hacer, verificar y actuar; que se recogen en la ISO 9000 y corresponden a:**

a) Las reglas de Westgard.
b) Ciclo de Deming.

c) Diagrama de Pareto.
d) Diagrama de Scadter.

**10. Cuando una institución realiza una evaluación basada en la revisión de los procedimientos registrados, ¿cómo se le denomina?**

a) Auditoría.
b) Acreditación.
c) Inspección.
d) Asesoría.

**11. La prueba de laboratorio más sensible para el diagnóstico de la anafilaxia es:**

a) La triptasa.
b) La amilasa.
c) La PCR.
d) Todas son ciertas.

**12. El código ICTUS se establece por:**

a) Ser una enfermedad grave.
b) Ser una enfermedad tiempo – dependiente.
c) Ser una patología de carácter trombótico.
d) Ser una patología autoinmune.

**13. No es un requisito de un donante en asistolia:**

a) Edad entre 14-65 años.
b) Localización en vía pública.
c) Inicio de las maniobras antes de 30 minutos.
d) Infecciones.

**14. Consideraremos una hemorragia como masiva si supera una pérdida superior al:**

a) 10 %.
b) 20 %.
c) 30 %.
d) 40 %.

**15. Los POCT se pueden realizar:**

a) Para minimizar el tiempo de respuesta.
b) Para mejorar la calidad asistencial.
c) Para autocontrol en el domicilio del paciente.
d) Todas son ciertas.

**16. ¿Cuál no es una ventaja de los sistemas automatizados en el laboratorio?**

a) Aumenta la producción.
b) Mayor rapidez.
c) Mayor sensibilidad.
d) No necesita de personal cualificado.

**17. ¿Qué es el SIL?**

a) Sistema integral de laboratorios.
b) Situación interna de laboratorios.
c) Sistema informático de laboratorio.
d) Sociedades informáticas de laboratorio.

**18. Las fases de un proceso analítico son:**

a) La fase pre-analítica y la fase analítica.
b) La fase pre-analítica, la fase analítica y la fase post-analítica.
c) La fase analítica y la fase post-analítica.
d) Solo se da una fase: la analítica.

**19. ¿En qué fase incluirías la preparación de especímenes?**

a) Fase pre-analítica.
b) Fase analítica.
c) Fase post-analítica.
d) Ninguna de las anteriores es cierta.

**20. ¿Qué componente pertenece a la fase pre-analítica?**

a) Unidad de entrada de muestras y lectura de código de barras.
b) Centrifuga automática y preparación de alícuotas.
c) Taponador o sellador de tubos.
d) Todos pertenecen a la fase pre-analítica.

En MADTEST tienes **más preguntas de este tema**, y todos tus avances quedan registrados y se reflejan en el ranking.

**¡Supera tus límites con MADTEST!**

# Solución al test n.º 13

**1.** a) Lograr resultados con el mínimo uso de recursos.

**2.** b) Eficacia.

**3.** b) La minimización de riesgos y errores en la atención sanitaria.

**4.** c) Eficiencia.

**5.** b) Manual de calidad.

**6.** d) Eficacia.

**7.** b) Cualquier incumplimiento de los requisitos de acreditación.

**8.** b) ISO 8402.

**9.** b) Ciclo Deming.

**10.** a) Auditoría.

**11.** a) La triptasa.

**12.** b) Ser una enfermedad tiempo – dependiente.

**13.** d) Infecciones.

**14.** c) 30 %.

**15.** d) Todas son ciertas.

**16.** d) No necesitan de personal cualificado.

**17.** c) Sistema informático de laboratorio.

**18.** b) La fase pre-analítica, la fase analítica y la fase post-analítica.

**19.** a) Fase pre-analítica.

**20.** d) Todos pertenecen a la fase pre-analítica.

**Muestras biológicas humanas: generalidades. Obtención y recogida de muestras biológicas para análisis de laboratorio: sanguíneas, de orina, heces, semen, exudados, líquido cefalo-raquídeo (LCR) y otras. Criterios de conservación y transporte de muestras y especimenes biológicos. Procedimientos preanalíticos y postanalíticos de muestras biológicas: identificación, codificación y etiquetado de las muestras. Control de calidad: criterios de exclusión y rechazo de las muestras**

**1. ¿En qué se debe basar el diagnóstico de una patología con alteraciones analíticas?**

a) En la historia clínica del paciente.
b) En los datos obtenidos de las muestras.
c) En la sintomatología presente en el momento de la extracción de la muestra.
d) En todo lo anterior.

**2. Principalmente cuando pretendemos identificar la presencia de gérmenes en muestras biológicas estamos realizando un estudio:**

a) Hematológico.
b) Inmunológico.
c) Microbiológico.
d) Bioquímico.

**3. Para realizar la toma de una muestra de tejido:**

a) Usaremos una jeringuilla heparinizada.
b) Usaremos una punción o raspado.
c) Usaremos una torunda.
d) Todas son ciertas.

**4. Usaremos un tubo de boca estrecha:**

a) En muestras dificultosas.
b) En muestras que generan muchos aerosoles.

c) En muestras que van en cultivo.
d) En muestras en las que queremos minimizar la contaminación.

**5. Si queremos hacer una toma de muestra de una úlcera en una pierna usaremos:**

a) Un frasco de boca ancha.
b) Un hisopo.
c) Un frasco de llenado por vacío.
d) Gasas impregnadas en medios de cultivo.

**6 Antes de realizar la toma de muestra deberemos verificar:**

a) Que tenemos todo el material.
b) Que la petición es correcta y está bien rellena.
c) Que el paciente ha sido preparado de forma oportuna.
d) Todas son ciertas.

**7. En una toma de muestra que va a recoger el paciente deberemos:**

a) Explicarle con palabras que entienda la forma correcta para realizarla y ofrecerle el material necesario.
b) Ayudar al paciente para que adopte la mejor posición para la realización de los procedimientos.
c) Si los procedimientos a realizar precisan descubrir zonas íntimas, cubrir adecuadamente al paciente y extremar las medidas de respeto y delicadeza para con las mismas.
d) Todas son correctas.

**8. Si una muestra necesita una preparación determinada por parte del usuario deberemos:**

a) Explicar qué prueba se le va a realizar.
b) Explicar la necesidad de la preparación y darle, a ser posible por escrito, las instrucciones necesarias para realizarla de forma correcta.
c) Hablar con él con antelación y proceder a su ingreso para que sea preparado en el área sanitaria, y así asegurarnos de que la preparación es la correcta.
d) No deberemos hacer nada.

**9. La preparación del material para la obtención de muestras es fundamental, entre los requisitos de esta preparación no encontramos:**

a) Identificar de forma correcta todos los recipientes en los que se van a recoger las muestras.
b) Comprobar que el material es el correcto.
c) Mantener la esterilidad del material durante todo el proceso.
d) Dar ayuda física a la persona para que mantenga la postura más adecuada en la obtención de la muestra.

**10. El personal que va a realizar la extracción de la muestra deberá:**

a) Minimizar el contacto con el paciente y trabajar con rapidez y firmeza.
b) Mantener los objetos punzantes fuera del alcance de la vista del paciente para minimizar su ansiedad.
c) Realizar la extracción en el menor tiempo posible.
d) Todas son ciertas.

**11. Una vez realizado el procedimiento no deberemos:**

a) Asegurarnos de que el paciente se encuentra bien.
b) Anotar toda la información en el registro pertinente.
c) Dejar al paciente ingresado el tiempo necesario para asegurarnos de que no aparecen reacciones alérgicas.
d) Asegurarnos de mandar las muestras al laboratorio en tiempo y forma correcta.

**12. En una solicitud en blanco no es necesario asegurarnos:**

a) De que el nombre del paciente y todos sus datos son los correctos.
b) De que el nombre del facultativo solicitante está completo.
c) De escribir de forma clara y concisa.
d) De que aparezca el sello con el CNP del facultativo.

**13. La empresa de transporte de muestras deberá asegurar una temperatura para muestras de ambiente que oscile entre:**

a) 4-8 ºC.
b) 18-25 ºC.
c) -18 ºC.
d) Como su nombre indica las muestras ambiente se mandarán sin control de temperatura.

**14. Los recipientes primarios:**

a) Suelen ser de polietileno.
b) Deben ser de material absorbible.
c) Deben ser rígidos y resistentes a los golpes.
d) Todas son ciertas.

**15. Si mandamos una muestra con todos los recipientes, los pictogramas oficiales deben ir en el recipiente:**

a) Primario.
b) Secundario.
c) Terciario.
d) Cuaternario.

**16. El test de Allen nos sirve para asegurar:**

a) Que la arteria cubital irriga normalmente, si extraemos sangre de la arteria radial.
b) La circulación adecuada de la región de la mano, comprometida en la extracción.
c) Que la arteria humeral irriga normalmente, si extraemos sangre de la arteria radial.
d) Son ciertas a) y b).

**17. Los hemocultivos seriados se extraen:**

a) De un catéter ya conectado.
b) De venas diferentes cada 30 minutos.
c) De vías centrales cada 60 minutos.
d) Lo ideal es canalizar una vía periférica para este fin y realizar 3 extracciones separadas 30 minutos.

**18. ¿Cómo se denominan las solicitudes donde las posibles peticiones a realizar ya vienen escritas y el médico solo debe señalar aquellas que desea? Solicitudes:**

a) En blanco.
b) Bajo demanda.
c) De tarjeta grafitada.
d) Nada de las anteriores.

**19. Tras una inyección IM se eleva sin ansiedad:**

a) Catecolaminas.
b) Tiroxina.
c) CPK.
d) Bilirrubina.

**20. Respecto al análisis del jugo gástrico mediante su toma de muestra por drenaje gástrico, todo es cierto, excepto:**

a) En los análisis gástricos no existen intervalos de normalidad estrictamente delimitados.
b) Existen pruebas más útiles para establecer el diagnóstico de patología gástrica que el análisis del jugo gástrico.
c) El análisis del jugo gástrico se realiza con bastante frecuencia.
d) A pesar de que la técnica no es agresiva, la entubación puede ser desagradable e incluso traumática para el paciente.

En MADTEST tienes **más preguntas de este tema**, y todos tus avances quedan registrados y se reflejan en el ranking.

**¡Supera tus límites con MADTEST!**

# Solución al test n.º 14

**1.** d) En todo lo anterior.

**2.** c) Microbiológico.

**3.** b) Usaremos una punción o raspado.

**4.** d) En muestras en las que queremos minimizar la contaminación.

**5.** b) Un hisopo.

**6.** d) Todas son ciertas.

**7.** a) Explicarle con palabras que entienda la forma correcta para realizarla y ofrecerle el material necesario.

**8.** b) Explicar la necesidad de la preparación y darle, a ser posible por escrito, las instrucciones necesarias para realizarla de forma correcta.

**9.** d) Dar ayuda física a la persona para que mantenga la postura más adecuada en la obtención de la muestra.

**10.** b) Mantener los objetos punzantes fuera del alcance de la vista del paciente para minimizar su ansiedad.

**11.** c) Dejar al paciente ingresado el tiempo necesario para asegurarnos de que no aparecen reacciones alérgicas.

**12.** d) De que aparezca el sello con el CNP del facultativo.

**13.** b) 18-25 ºC.

**14.** a) Suelen ser de polietileno.

**15.** c) Terciario.

**16.** d) Son ciertas a) y b).

**17.** b) De venas diferentes cada 30 minutos.

**18.** c) De tarjeta grafitada.

**19.** c) CPK.

**20.** c) El análisis del jugo gástrico se realiza con bastante frecuencia.

**Microscopios: características ópticas de los microscopios, componentes básicos de un microscopio, tipos de microscopía: electrónico, de fluorescencia, de barrido de sonda, de luz ultravioleta, de campo luminoso, de campo oscuro, en contraste de fase y otros**

**1. Uno de los siguientes no es un microscopio óptico de luz transmitida:**

a) Microscoplo de fluorescencia.
b) Microscopio de campo oscuro.
c) Microscopio de contraste de fases.
d) Microscopio invertido.

**2. Una lente divergente:**

a) Es una lente convexa.
b) Dispersan los rayos de planos paralelos.
c) Son más gruesas por el centro que por los lados.
d) Forman una visión ampliada del objeto.

**3. El poder de resolución de un microscopio:**

a) Es la distancia máxima que debe existir entre dos puntos para que puedan ser diferenciados.
b) Es mayor cuanto mayor límite de resolución exista.
c) Es su capacidad de dar imágenes distintas de dos puntos situados muy cerca uno del otro en el objeto.
d) Todas son correctas.

**4. ¿Qué determina la eficacia del condensador y del objetivo?**

a) El poder de resolución.
b) La apertura numérica.
c) El contraste.
d) La longitud de onda.

**5. La parte mecánica de un microscopio óptico lo compone:**

a) Pie o soporte.
b) Columna.
c) Tubo y elementos auxiliares (platina).
d) Todas son correctas.

**6. La parte óptica de un microscopio la compone:**

a) El tornillo macrométrico.
b) El diafragma y el condensador.
c) El ocular y los objetivos.
d) El pie del objetivo, ya que sin pie no se podría sostener y no se podría ver nada.

**7. Respecto al condensador del microscopio óptico:**

a) Es otro tipo de lente que se incorpora al microscopio.
b) Es el encargado de concentrar un haz luminoso en cada punto del portaobjetos.
c) Suelen llevar acoplados una serie de filtros y el diafragma.
d) Todas son correctas.

**8. El diafragma de apertura del condensador, ¿a qué afecta?**

a) A la resolución.
b) Al contraste y profundidad del foco.
c) Sirve para ajustar la apertura numérica de la iluminación y para cambiar la luminosidad de esta.
d) Todas son correctas.

**9. El microscopio de campo claro:**

a) Es un microscopio de luz reflejada.
b) En un microscopio de electrones.
c) Es un microscopio de barrido confocal.
d) Es un microscopio de luz transmitida.

**10. La microscopia de Nomarsi es un tipo de microscopia de:**

a) Campo oscuro.
b) Contraste de interferencia.
c) Campo claro.
d) Invertido.

**11. No es un tipo de microscopio óptico:**

a) Microscopio de contraste de fases.
b) Microscopio de barrido.

c) Microscopio polarizante.
d) Microscopio fluorescente.

## 12. Recibe el nombre de fluorescencia:

a) A la propiedad que poseen determinadas sustancias de emitir, bajo la acción de radiaciones de onda larga, otras radiaciones de onda corta.
b) A la propiedad que poseen determinadas sustancias de emitir, bajo la acción de radiaciones de ondas cortas, otras radiaciones de onda larga.
c) A la propiedad que poseen los fluorocromos de emitir radiación infrarroja.
d) A la propiedad que posen los cuerpos brillantes sobre fondos de radiación.

## 13. Las lentes de un microscopio óptico que amplían la imagen de una manera constante se denominan:

a) Objetivos.
b) Oculares.
c) Condensador.
d) Todas son correctas.

## 14. En un microscopio óptico los objetivos de inmersión de aceite llevan una marca de identificación que es un anillo de color:

a) Blanco.
b) Azul.
c) Negro.
d) Verde.

## 15. El primer enfoque en un microscopio es mejor siempre hacerlo con el micro-métrico, porque así se ajusta de una sola vez:

a) No es cierto, el primer enfoque se debe de hacer con el tubo de enfoque y macrométrico.
b) Si es cierto.
c) No es cierto, el primer enfoque se realiza con el condensador.
d) Puede realizarse como se quiera.

## 16. Si el campo que estamos observando aparece turbio, esto se debe a que:

a) El objetivo está lleno de aceite.
b) El portaobjeto está sucio.
c) La lente superior del condensador está sucia.
d) Todas estas causas son motivo de turbidez.

## 17. Si al observar una muestra, aparecen gotas liquidas, esto se debe a:

a) Un aplastamiento de elementos celulares durante el proceso.
b) Un fallo de fijación de la muestra.

c) Una mala filtración de hematoxilina.

d) Una mezcla de xileno y agua.

**18.** La imagen en un microscopio electrónico está basada en la dispersión de los electrones, ¿de qué depende esta dispersión?

a) Del espesor del objeto.

b) De la densidad del objeto.

c) Del número atómico.

d) De todo lo anterior depende.

**19.** ¿Dónde se encuentra el cátodo en un microscopio electrónico?

a) En el condensador.

b) En la fuente de electrones.

c) En la parte inferior del tubo.

d) En la pantalla fluorescente.

**20.** Una de las ventajas del microscopio de barrido, sobre el de transmisión, es que sus imágenes son:

a) Tridimensionales.

b) Bidimensionales.

c) Cuatro D.

d) Monodimensional.

En MADTEST tienes **más preguntas de este tema**, y todos tus avances quedan registrados y se reflejan en el ranking.

**¡Supera tus límites con MADTEST!**

# Solución al test n.º 15

**1.** a) Microscopio de fluorescencia.

**2.** b) Dispersan los rayos de planos paralelos.

**3.** c) Es su capacidad de dar imágenes distintas de dos puntos situados muy cerca uno del otro en el objeto.

**4.** b) La apertura numérica.

**5.** d) Todas son correctas.

**6.** c) El ocular y los objetivos.

**7.** d) Todas son correctas.

**8.** d) Todas son correctas.

**9.** d) Es un microscopio de luz transmitida.

**10.** b) Contraste de interferencia.

**11.** b) Microscopio de barrido.

**12.** b) A la propiedad que poseen determinadas sustancias de emitir, bajo la acción de radiaciones de ondas cortas, otras radiaciones de onda larga.

**13.** b) Oculares.

**14.** c) Negro.

**15.** a) No es cierto, el primer enfoque se debe de hacer con el tubo de enfoque y macrométrico.

**16.** d) Todas estas causas son motivo de turbidez.

**17.** d) Una mezcla de xileno y agua.

**18.** d) De todo lo anterior depende.

**19.** b) En la fuente de electrones.

**20.** a) Tridimensionales.

# TEST N.º 16

**Gravimetría, volumetría, disoluciones y diluciones. Tipos de balanza y su utilización. Concepto de masa y unidades de medida. Material volumétrico. Concepto de volumen y unidades de medida. Concepto, cálculo y preparación de diluciones y disoluciones. Métodos electroquímicos: el phmetro. Valoración del pH. Preparación de soluciones tampón**

**1. Un $cm^2$ equivale a:**

a) $10\ mm^2$.
b) $1000\ mm^2$.
c) $10.000\ mm^2$.
d) $100\ mm^2$.

**2. La candela es la unidad de:**

a) Intensidad luminosa.
b) La unidad de temperatura termodinámica.
c) La intensidad de una corriente constante.
d) La duración de periodos de la radiación.

**3. En relación con los prefijos es falso que:**

a) El grupo formado por un símbolo de prefijo y un símbolo de unidad constituye un nuevo símbolo de unidad inseparable.
b) Los nombres de los prefijos son inseparables de los nombres de las unidades a las que se unen.
c) Los nombres y símbolos de prefijos se emplean con algunas unidades fuera del SI y se utilizan con unidades de tiempo.
d) Todas son falsas.

**4. Los errores sistemáticos:**

a) Se deben al instrumento de medida.
b) Se observan cambiando de aparato de medida o de método de observación.

c) Sus causas son múltiples.
d) Las respuestas a) y b) son correctas.

**5. ¿Cuál es el principio de funcionamiento del pH-metro en la determinación del pH de una disolución?**

a) Detecta la variación de temperatura entre dos electrodos sumergidos en agua.
b) Calcula la velocidad de disolución del soluto en el disolvente.
c) Mide la concentración de sales disueltas mediante conductividad.
d) Determina la diferencia de potencial entre un electrodo de vidrio y uno de referencia en función de la actividad de iones H+.

**6. En un análisis volumétrico ácido-base, ¿qué condición debe cumplirse para que se considere que la neutralización ha sido completa?**

a) Que el volumen del ácido sea siempre igual al de la base utilizada.
b) Que la solución cambie de color antes de añadir la base.
c) Que la disolución alcance una temperatura constante.
d) Que el número de equivalentes de ácido sea igual al número de equivalentes de base.

**7.¿Cuál de las siguientes afirmaciones describe correctamente un precipitado coloidal hidrofílico?**

a) Está compuesto por partículas de tamaño milimétrico que sedimentan rápidamente.
b) Presenta escasa afinidad por el disolvente y no forma geles.
c) Tiene baja viscosidad y es irreversible.
d) Muestra elevada afinidad por el disolvente, forma geles y suele ser reversible.

**8. En relación con la medida:**

a) Es determinar una magnitud por comparación con otra que se toma como unidad.
b) Es una magnitud química.
c) El resultado es un número y una unidad.
d) Las respuestas a) y c) son correctas.

**9. ¿A que equivalen 20 hectolitros (hl)?**

a) A 200 L.
b) A 20.000 mL
c) A 2000 L.
d) A 200 mL.

**10. La unidad de densidad es:**

a) La unidad de longitud dividida por la unidad de tiempo.
b) La unidad de masa dividida por la unidad de volumen.

c) La unidad de longitud dividida por la unidad de masa.
d) La unidad de longitud dividida por la unidad de volumen.

**11. Un Coulomb o Culombio es:**

a) El flujo magnético que, al atravesar un circuito de una sola espiral produce en la misma una fuerza electromotriz de un voltio si se anula dicho flujo en un segundo por decaimiento uniforme.

b) La inducción magnética uniforme que, repartida normalmente sobre una superficie de un metro cuadrado, produce a través de esta superficie un flujo magnético total de un weber.

c) El trabajo producido por una fuerza de un newton, cuyo punto de aplicación se desplaza un metro en la dirección de la fuerza.

d) La cantidad de electricidad transportada en un segundo por una corriente de intensidad un amperio.

**12. La extensión del espacio que ocupan los cuerpos es:**

a) Longitud.
b) Volumen.
c) Masa.
d) Tiempo.

**13. ¿De qué magnitud deriva el estereorradián?**

a) Ángulo plano.
b) Ángulo sagital.
c) Ángulo sólido.
d) Ángulo másico.

**14. Una unidad derivada puede expresarse mediante:**

a) Unidades básicas.
b) Unidades derivadas con nombres especiales.
c) Siempre en unidades centesimales.
d) Las respuestas a) y b) son correctas.

**15. El kelvin es una unidad:**

a) De intensidad de corriente eléctrica.
b) De temperatura termodinámica.
c) De intensidad luminosa.
d) De masa.

**16. ¿A qué equivale $10^{12}$?**

a) Tera.
b) Giga.

c) Mega.
d) Yotta.

**17. ¿Cuál de las siguientes prácticas es correcta durante el manejo de una balanza de precisión con vitrina?**

a) Introducir los recipientes de pesada con la mano para ahorrar tiempo.
b) Utilizar envases metálicos para reducir la interferencia estática.
c) Mantener abierta la cámara de pesada hasta que se enfríe el recipiente.
d) Utilizar pinzas largas y abrir la ventanilla solo el tiempo necesario para evitar alteraciones.

**18. ¿Cuál de las siguientes condiciones debe cumplirse en un método de análisis gravimétrico para que sea considerado óptimo?**

a) Utilizar compuestos solubles para asegurar la transferencia cuantitativa.
b) Obtener un precipitado de composición definida y pureza suficiente para su pesada.
c) Aumentar la temperatura del medio para disolver parcialmente el analito.
d) Emplear reactivos que generen productos volátiles para facilitar la evaporación.

**19. Según el concepto químico de disolución, ¿cuál de las siguientes afirmaciones es correcta?**

a) El soluto es siempre un gas y el disolvente un líquido.
b) Todas las disoluciones se componen únicamente de un soluto y un disolvente en fase líquida.
c) Las disoluciones saturadas contienen una mínima cantidad de soluto.
d) El disolvente es el componente más abundante, aunque no siempre está claramente definido.

**20. ¿Cuál de las siguientes afirmaciones sobre disoluciones ácidas y básicas es correcta según la teoría de Arrhenius?**

a) Las bases liberan iones H+ al disolverse en agua.
b) Los ácidos y las bases presentan sus propiedades tanto en estado puro como en disolución.
c) Las disoluciones neutras tienen un pH superior a 7.
d) Los ácidos producen iones H+ y las bases iones OH– al disolverse en agua.

En MADTEST tienes **más preguntas de este tema**, y todos tus avances quedan registrados y se reflejan en el ranking.

**¡Supera tus límites con MADTEST!**

# Solución al test n.º 16

**1.** d) 100 mm$^2$.

**2.** a) Intensidad luminosa.

**3.** c) Los nombres y símbolos de prefijos se emplean con algunas unidades fuera del SI y se utilizan con unidades de tiempo.

**4.** d) Las respuestas a) y b) son correctas.

**5.** d) Determina la diferencia de potencial entre un electrodo de vidrio y uno de referencia en función de la actividad de iones H+.

**6.** d) Que el número de equivalentes de ácido sea igual al número de equivalentes de base.

**7.** d) Muestra elevada afinidad por el disolvente, forma geles y suele ser reversible.

**8.** d) Las respuestas a) y c) son correctas.

**9.** c) A 2000 L.

**10.** b) La unidad de masa dividida por la unidad de volumen.

**11.** d) La cantidad de electricidad transportada en un segundo por una corriente de intensidad un amperio.

**12.** a) Longitud.

**13.** c) Ángulo sólido.

**14.** d) Las respuestas a) y b) son correctas.

**15.** b) De temperatura termodinámica.

**16.** a) Tera.

**17.** d) Utilizar pinzas largas y abrir la ventanilla solo el tiempo necesario para evitar alteraciones.

**18.** b) Obtener un precipitado de composición definida y pureza suficiente para su pesada.

**19.** d) El disolvente es el componente más abundante, aunque no siempre está claramente definido.

**20.** d) Los ácidos producen iones H+ y las bases iones OH– al disolverse en agua.

**Técnicas de separación de las moléculas: centrifugación, electroforesis y técnicas relacionadas; cromatografía. Técnicas de medición de los analitos: detección de la radiación electromagnética: ley de Lamber-Beer; concepto de linealidad; punto final, dos puntos y cinética; fotometría, espectrofotometría, espectrofluorimetría, fotometría de llama, absorción atómica, turbidimetría, nefelometría, refractometría, fotometría de reflectancia (química seca). Electroquímica: pH, valoración ácido-base, soluciones tampón; ecuación de Nerst; potenciometría, amperometría; tipos de electrodos. Otras técnicas: osmometría, inmunoanálisis, biología molecular, amplificación de DNA por medio de PCR; hibridación de ánidos nucleicos**

**1. Una mezcla es:**

a) Una combinación química de una o más sustancias.
b) Una combinación física de una o más sustancias.
c) Una combinación física de dos o más sustancias.
d) Todas son correctas.

**2. Las mezclas heterogéneas:**

a) Constan de dos o más fases y sus componentes pueden identificarse a simple vista o con ayuda de microscopio.
b) Constan de una sola fase y son indistinguibles,
c) Se denominan soluciones.
d) Las respuestas a) y c) son correctas.

**3. Los métodos de separación química:**

a) Son métodos que destruyen las sustancias originales.
b) Son métodos que reciben el nombre de cristalización y precipitación.

c) Están relacionados con la solubilidad.
d) Todas son correctas.

**4. Con el nombre de cromatografía se engloban toda una serie de técnicas basadas en:**

a) Separación de gases.
b) Separación de líquidos y gases.
c) Separación de sustancias coloreadas.
d) Separación de todo tipo de sustancias.

**5. Las técnicas cromatográficas permiten:**

a) Aislar componentes.
b) Separar componentes.
c) Identificar componentes.
d) Todas correctas.

**6. Las separaciones cromatográficas están basadas:**

a) En las interacciones del soluto de la fase estacionaria sobre la fase móvil.
b) En la adsorción selectiva de los distintos componentes de una mezcla sobre absorbentes.
c) En el punto isoléctrico de la muestra.
d) Ninguna es cierta.

**7. Respecto a la cromatografía gas-líquido es cierto que:**

a) Es una cromatografía de adsorción.
b) La fase móvil está constituida por un líquido.
c) La fase móvil está constituida por un gas.
d) La fase estacionaria está constituida por un gas.

**8. ¿Cuál de los siguientes mecanismos de interacción entre la fase estacionaria y la muestra suelen tener lugar en TLC (cromatografía en capa fina):**

a) Adsorción.
b) Partición.
c) Exclusión molecular.
d) Las opciones a y b son correctas.

**9. ¿Qué tipo de sondas no son utilizadas en la hibridación *in situ*?**

a) Sondas de ARN de doble cadena.
b) Sondas de ARN de cadena sencilla.

c) Oligonucleótidos.

d) Sondas termorresistentes.

**10. La cromatografía en papel es la técnica de elección bioquímica clínica para la separación de:**

a) Azúcares.

b) Aminoácidos.

c) Lípidos.

d) Hormonas.

**11. La eficiencia de la columna cromatográfica aumenta cuando:**

a) Disminuye el tiempo de retención del soluto.

b) Aumenta el número de platos teóricos.

c) Aumenta el ancho de base del pico.

d) Aumenta el AEPT.

**12. En la cromatografía de reparto:**

a) La fase estacionaria siempre es un líquido.

b) La fase estacionaria puede ser un líquido o un gas.

c) La fase móvil es un sólido inerte.

d) Todas son correctas.

**13. Dentro de las cromatografías de reparto no encontramos:**

a) Cromatografía de papel.

b) Cromatografía de gases.

c) Cromatografía en capa fina.

d) Cromatografía líquido-líquido.

**14. En la cromatografía líquida en columna, el tiempo transcurrido desde la inyección de la columna hasta la salida de la muestra se denomina:**

a) Volumen de elución.

b) Volumen de exclusión.

c) Tiempo de retención.

d) Tiempo de exclusión.

**15. Si se desea purificar el agua contaminada iónicamente se recurrirá a:**

a) Cromatografía de exclusión.

b) Cromatografía de intercambio catiónico.

c) Cromatografía de intercambio aniónico.

d) Cromatografía en capa fina.

**16. La cromatografía de intercambio catiónico se basa:**

a) En el intercambio de grupos iónicos de la fase estacionaria (ácidos) por cationes existentes en la muestra.
b) En el intercambio de aniones.
c) En el intercambio de los grupos iónicos de la fase estacionaria (bases) por aniones existentes en la muestra.
d) Ninguna es cierta.

**17. Para la separación de proteínas, determinación de pesos moleculares, eliminación de sustancias interferentes, se aplicará la cromatografía:**

a) De absorción.
b) De exclusión.
c) De intercambio aniónico.
d) De intercambio catiónico.

**18. Se denomina HPLC:**

a) Cromatografía líquida clásica.
b) Cromatografía líquida de alta resolución.
c) Cromatografía líquida de baja resolución.
d) Cromatografía de altos pesos moleculares.

**19. La técnica mediante la cual los componentes de una muestra se separan en función de su punto isoeléctrico se denomina:**

a) Cromatografía en capa fina.
b) HPLC.
c) Isoelectroenfoque.
d) Inmunoelectroforesis.

**20. Indicar la repuesta falsa. La movilidad electroforética:**

a) Aumenta al incrementarse la temperatura del sistema.
b) Aumenta al incrementarse la carga neta de la muestra.
c) Aumenta al incrementarse la fuerza iónica del medio.
d) Aumenta al incrementarse el voltaje aplicado.

En MADTEST tienes **más preguntas de este tema**, y todos tus avances quedan registrados y se reflejan en el ranking.

**¡Supera tus límites con MADTEST!**

# Solución al test n.º 17

**1.** c) Una combinación física de dos o más sustancias.

**2.** a) Constan de dos o más fases y sus componentes pueden identificarse a simple vista o con ayuda de microscopio.

**3.** a) Son métodos que destruyen las sustancias originales.

**4.** d) Separación de todo tipo de sustancias.

**5.** d) Todas correctas.

**6.** b) En la adsorción selectiva de los distintos componentes de una mezcla sobre varios absorbentes.

**7.** c) La fase móvil está constituida por un gas.

**8.** d) Las opciones a y b son correctas.

**9.** d) Sondas termorresistentes.

**10.** b) Aminoácidos.

**11.** b) Aumenta el número de platos teóricos.

**12.** a) La fase estacionaria siempre es un líquido.

**13.** c) Cromatografía en capa fina.

**14.** c) Tiempo de retención.

**15.** c) Cromatografía de intercambio aniónico.

**16.** a) En el intercambio de grupos iónicos de la fase estacionaria (ácidos) por cationes existentes en la muestra.

**17.** b) De exclusión.

**18.** b) Cromatografía líquida de alta resolución.

**19.** c) Isoelectroenfoque.

**20.** c) Aumenta al incrementarse la fuerza iónica del medio.

# TEST N.º 18

**Sangre. composición y fisiología. Fisiología y metabolismo eritrocitario: recuento de hematíes, anormalidades morfológicas eritrocitarias, metabolismo del hierro y la hemoglobina. Patologías del sistema eritrocitario: alteraciones cuantitativas y cualitativas, pruebas analíticas para el diagnóstico y seguimiento de estas patologías**

**1. La sangre se mantiene en continuo movimiento gracias a:**

a) El bombeo del corazón.
b) La retracción de las paredes de los vasos.
c) La fuerza de la gravedad.
d) Todas son ciertas.

**2. No es una función de la sangre:**

a) Inmunidad.
b) Hemostasia.
c) Homeostasia.
d) Eritropoyesis.

**3. En la etapa infantil el principal órgano hematopoyético es:**

a) El hígado.
b) El páncreas.
c) La médula ósea de todo el esqueleto.
d) El timo.

**4. ¿Cuál de los siguientes estimula el crecimiento, la adhesión y la viabilidad de las células progenitoras?**

a) Ligando FLT.
b) EPO.
c) Ligando kit.
d) IL17.

**5. En la determinación del hematocrito mediante el micrométodo se debe centrifugar el tubo a:**

a) 5.000 rpm.
b) 10.000 rpm.
c) 20.000 rpm.
d) 40.000 rpm.

**6. El VCM se expresa en:**

a) Mg.
b) mlo.
c) fl.
d) μ.

**7. ¿Cuál de las siguientes afirmaciones sobre el método del cubreobjetos es falsa?**

a) La distribución de los leucocitos es más homogénea.
b) La manipulación del cubreobjetos es más difícil que la de los portaobjetos.
c) La extensión es uniforme.
d) El recuento se realizará en el centro de la extensión.

**8. Una vez realizada la muestra de Wright deberemos tener cuidado de que no entre en contacto con:**

a) Oxígeno.
b) Luz solar.
c) Cetonas y ácidos.
d) Agua destilada.

**9. ¿Cuál de las siguientes afirmaciones sobre el eritroblasto ortocromático es cierta?**

a) Su tamaño oscila entre 17-22 μ.
b) Su citoplasma es basófilo por el alto contenido en hemoglobina.
c) La cromatina continúa intensamente condensada y en menor proporción.
d) Todas estas afirmaciones son ciertas.

**10. Podemos definir la eritropoyesis como:**

a) El conjunto de procesos que conducen a la formación y maduración de glóbulos rojos, hematíes o eritrocitos.
b) Conjunto de procesos que conducen a la destrucción de glóbulos rojos en mal estado.
c) Conjunto de procesos que conducen a la duplicación de hemoglobinas inestables.
d) Ninguna de las opciones anteriores es cierta.

**11. El método de la resistencia eléctrica para el recuento de hematíes también se conoce como:**

a) Método de la impedancia.
b) Método de la RIA.
c) Método de la dispersión lumínica.
d) Método del campo oscuro.

**12. Los hematíes esferoidales que presentan espículas de implantación estrecha y prolongaciones de tamaño y localización variable se denominan:**

a) Estomatocito.
b) Acantocito.
c) Dacriocito.
d) Ninguna de las anteriores.

**13. La coexistencia de hematíes de distinto tamaño dentro de una misma muestra se denomina:**

a) Megalocitosis.
b) Anisocitosis.
c) Microcitosis.
d) Normocitosis.

**14. Denominamos anisocromía a:**

a) La aparición simultánea de hematíes con coloración diferente.
b) La aparición en una misma muestra de hematíes de tamaño diferente.
c) La aparición en una misma muestra de eritrocitos de volumen diferente.
d) Todas son ciertas.

**15. ¿En qué momento del desarrollo de los eritrocitos comienza la producción de hemoglobina?**

a) Eritroblasto policromatófilo.
b) Reticulocito.
c) Eritrocito.
d) La hemoglobina no se forma en el eritrocito.

**16. Si realizamos una electroforesis en gel de Agar, el medio utilizado será:**

a) Ácido.
b) Básico.
c) Neutro.
d) No importa el medio.

**17. En la determinación de la carboxihemoglobina mediante la prueba de Katayama la prueba será positiva si:**

a) Aparece un anillo amarillo sobre el tubo.
b) Aparecen burbujas.
c) La muestra se torna roja o rosada.
d) La muestra se torna castaña.

**18. Entre los estudios de laboratorio que vamos a realizar a una paciente en la que sospechemos una talasemia está:**

a) Cuantificación de la HbF y HbA2.
b) Estudio de estabilidad.
c) Análisis del ADN.
d) Todas son ciertas.

**19. ¿Cuál de las siguientes es una anemia mormocítica y normocrómica?**

a) Hemólisis crónica.
b) Hepatopatías.
c) Anemia hemolítica.
d) Anemia ferropénica.

**20. El test de Schilling se utiliza para:**

a) Determinar los niveles de hierro presentes en el plasma.
b) Determinar el nivel de absorción de la vitamina $B_{12}$.
c) Determinar la supervivencia del hematíe.
d) Determinar el nivel de hemoglobina presente en una muestra.

En MADTEST tienes **más preguntas de este tema**, y todos tus avances quedan registrados y se reflejan en el ranking.

**¡Supera tus límites con MADTEST!**

# Solución al test n.º 18

**1.** d) Todas son ciertas.

**2.** d) Eritropoyesis.

**3.** c) La médula ósea de todo el esqueleto.

**4.** c) Ligando kit.

**5.** b) 10.000 rpm.

**6.** c) fl.

**7.** d) El recuento se realizará en el centro de la extensión.

**8.** c) Cetonas y ácidos.

**9.** c) La cromatina continúa intensamente condensada y en menor proporción.

**10.** a) El conjunto de procesos que conducen a la formación y maduración de glóbulos rojos, hematíes o eritrocitos.

**11.** a) Método de la impedancia.

**12.** b) Acantocito.

**13.** b) Anisocitosis.

**14.** a) La aparición simultánea de hematíes con coloración diferente.

**15.** a) Eritroblasto policromatófilo.

**16.** a) Ácido.

**17.** c) La muestra se torna roja o rosada.

**18.** d) Todas son ciertas.

**19.** c) Anemia hemolítica.

**20.** b) Determinar el nivel de absorción de la vitamina $B_{12}$.

# TEST N.º 19

**Fisiología y morfología del sistema leucocitario: recuento y clasificación de los leucocitos, técnicas histoquímicas e inmunológicas de identificación leucocitaria. Patologías del sistema leucocitario: alteraciones cuantitativas y cualitativas, pruebas analíticas para el diagnóstico y seguimiento de estas patologías. Fisiología y morfología de las plaquetas: recuento y alteraciones morfológicas de las plaquetas. Patologías del sistema plaquetario: alteraciones cuantitativas y cualitativas, pruebas analíticas para el diagnóstico y segulmlento de estas patologías. Fisiología y morfología de la coagulación: mecanismo de coagulación, fibrinólisis, métodos e instrumentos para el análisis de la formación y destrucción del coágulo, alteraciones de la hemostasia, pruebas analíticas para el diagnóstico y seguimiento de estas patologías**

**1. El estudio del quimiotactismo en cobertura de agarosa se lleva a cabo en:**

a) 2 placas de petri.
b) 3 placas de petri.
c) 2 tubos de ensayo.
d) Tiras reactivas.

**2. ¿Qué tres pasos son básicos en los métodos citoquímicos para el estudio de los leucocitos?**

a) Fijación, incubación y estudio de la FAG.
b) Fijación de los hematíes, incubación y tinción de contraste.
c) Fijación de la extensión, incubación y tinción de contraste.
d) Ninguna de las anteriores es cierta.

**3. Si en el estudio de la MPO aparece actividad encontraremos:**

a) Un halo verdoso alrededor de las células.
b) Una zona puntiforme verdosa.

c) Un precipitado amarillo ocre.

d) Ninguna de las anteriores es cierta.

**4. ¿Cuál de los siguientes elementos no lleva el reactivo de fenol utilizado en la técnica del negro sudán?**

a) Etanol.

b) Negro sudán.

c) Fenol cristalizado.

d) Lleva todos estos elementos combinados en la debida proporción.

**5. Las pruebas de la quimioluminiscencia se basan en:**

a) La luz emitida como resultado de una reacción.

b) La luz absorbida por una muestra.

d) La emisión de átomos señalados.

d) Ninguna es cierta.

**6. En los métodos citoquímicos, para el estudio de leucocitos podemos usar fijadores que forman puentes proteicos para mantener la estructura como:**

a) Acetona.

b) Etanol.

c) Formaldehído.

d) Metanol.

**7. ¿Cuál de las siguientes es una forma clínica especial del mieloma múltiple?**

a) Mieloma solitario.

b) Mieloma no secretante.

c) Mieloma de Bence-Jones.

d) Todas son formas clínicas del MM.

**8. ¿Cuál de las siguientes no es una trombocitopatía adquirida?**

a) Anemia aplásica.

b) Defectos de agregación plaquetaria.

c) CID.

d) Leucemia aguda.

**9. ¿Cuál de las siguientes afirmaciones sobre la PTT es falsa?**

a) También se conoce como síndrome hemolítico urémico.

b) Si no se trata puede ser una enfermedad mortal.

c) La base de la enfermedad consiste en agregaciones de plaquetas que obstruyen la luz de los pequeños vasos originando isquemias a diferentes niveles.

d) También se conoce como enfermedad de Werlhof.

**10. La pared de las plaquetas presenta multitud de proteínas relacionadas directamente con la coagulación sanguínea; entre ellas no encontramos:**

a) FvW.
b) Complejo Ib-IX.
c) Complejo IIb – IIIa.
d) Complejo Ia – IIa.

**11. Los gránulos densos contienen:**

a) Serotonina.
b) Sodio.
c) Factores plaquetarios.
d) Todas son ciertas.

**12. Una trombocitopenia es un recuento plaquetario:**

a) Superior o 400.000/mm$^3$.
b) Inferior a 400.000/mm$^3$.
c) Superior a 150.000/mm$^3$.
d) Inferior a 130.000/mm$^3$.

**13. Para la determinación directa de las plaquetas punzaremos el pulpejo de un dedo, llenaremos la pipeta y lo añadiremos a la solución hemolizante que contiene:**

a) Agua destilada.
b) Thimerosal.
c) Oxalato amónico.
d) Todas son ciertas.

**14. Para diferenciar las plaquetas de las inclusiones de los eritrocitos buscaremos los bordes, los de las plaquetas aparecerán:**

a) Irregulares.
b) Con un halo blanco.
c) Lisos.
d) Teñidos de rojo.

**15. Los encargados de la inhibición del factor de Fletcher son:**

a) A2 macroglobulina, a2 antiplasmina y C1 inhibidor.
b) ATIII, a2 macroglobulina y el C1 inhibidor.
c) A1 antitripsina, a2 antiplasmina y ATIII.
d) Factor IXa y XIIa.

**16. En el hígado se forman los factores de coagulación:**

a) I y II.
b) V y IX.

c) Fletcher y Stuart-Prower.
d) Todas son correctas.

**17. Señala cuál de los siguientes factores de inhibición son una vitamina K dependiente:**

a) A2 macroglobulina y a2 antiplasmina.
b) Proteína C y proteína S.
c) ATII y ATIII.
d) A1 antitripsina y C1 inhibidor.

**18. La vía intrínseca de la coagulación se inicia cuando:**

a) Se inicia cuando el factor XII se activa por las cargas negativas presentes en las superficies que se quedan al descubierto por la lesión.
b) Se inicia cuando el factor IX se activa por las cargas positivas presentes en las superficies que se quedan al descubierto por la lesión.
c) Se inicia cuando el factor tisular se libera por un traumatismo.
d) Se inicia cuando el factor FVII se libera por un traumatismo.

**19. La vía extrínseca de la coagulación se inicia cuando:**

a) Se inicia cuando el factor XII se activa por las cargas negativas presentes en las superficies que se quedan al descubierto por la lesión.
b) Se inicia cuando el factor IX se activa por las cargas positivas presentes en las superficies que se quedan al descubierto por la lesión.
c) Se inicia cuando el factor tisular se libera por un traumatismo.
d) Se inicia cuando el factor FVII se libera por un traumatismo.

**20. Si realizamos una prueba y los resultados son que hay prolongación del tiempo de tromboplastina parcial activada, pero el tiempo de protrombina normal, lo que implica un trastorno de la vía intrínseca, en un paciente sin antecedentes familiares ni personales de hemorragia podría tener:**

a) Déficit de FXII, déficit de precalicreína o déficit de cininógeno de elevado peso molecular.
b) Insuficiencia hepática, coagulación intravascular diseminada o deficiencia de vitamina K.
c) Déficit de FVIII, déficit de FIX o déficit de FXI.
d) La enfermedad de Von Willebrand.

En MADTEST tienes **más preguntas de este tema**, y todos tus avances quedan registrados y se reflejan en el ranking.

**¡Supera tus límites con MADTEST!**

# Solución al test n.º 19

**1.** a) 2 placas de petri.

**2.** c) Fijación de la extensión, incubación y tinción de contraste.

**3.** c) Un precipitado amarillo ocre.

**4.** b) Negro sudán.

**5.** a) La luz emitida como resultado de una reacción.

**6.** c) Formaldehído.

**7.** d) Todas son formas clínicas del MM.

**8.** b) Defectos de agregación plaquetaria.

**9.** d) También se conoce como enfermedad de Werlhof.

**10.** a) FvW.

**11.** a) Serotonina.

**12.** d) Inferior a 130.000/mm$^3$.

**13.** d) Todas son ciertas.

**14.** b) Con un halo blanco.

**15.** a) A2 macroglobulina, a2 antiplasmina y C1 inhibidor.

**16.** d) Todas son correctas.

**17.** b) Proteína C y proteína S.

**18.** a) Se inicia cuando el factor XII se activa por las cargas negativas presentes en las superficies que se quedan al descubierto por la lesión.

**19.** c) Se inicia cuando el factor tisular se libera por un traumatismo.

**20.** a) Déficit de FXII, déficit de precalicreína o déficit de cininógeno de elevado peso molecular.

# TEST N.º 20

Inmunología celular: antígeno y anticuerpo.
Reacción antígeno-anticuerpo y síntesis de anticuerpos.
Sistemas del complemento. Antígenos de histocompatibilidad.
Mecanismos de la respuesta inmune. Antígenos y anticuerpos
eritrocitarios, leucocitarios y plaquetarios. Sistema ABO. Sistema Rh.
Otros sistemas. Compatibilidad eritrocitaria entre donante
y receptor. Técnicas de fraccionamiento, separación y conservación
de hemoderivados

**1. ¿Cuál de los siguientes tipos celulares pertenece al sistema inmunitario innato y tiene capacidad fagocítica?**

a) Linfocitos T citotóxicos.
b) Células dendríticas plasmocitoides.
c) Neutrófilos.
d) Células NK.

**2. ¿Qué célula inmunitaria es fundamental en la presentación de antígenos a los linfocitos T?**

a) Eosinófilos.
b) Células dendríticas.
c) Linfocitos B.
d) Mastocitos.

**3. ¿Qué característica define a los linfocitos T citotóxicos (CD8+)?**

a) Expresan receptores de inmunoglobulina de superficie.
b) Participan en la activación de células B.
c) Secretan histamina para activar la inflamación.
d) Reconocen antígenos presentados por MHC clase I y destruyen células infectadas.

**4. ¿Qué tipo celular es característico de la inmunidad innata y actúa mediante el reconocimiento de células sin expresión adecuada de MHC-I?**

a) Linfocitos T cooperadores.
b) Basófilos.
c) Macrófagos.
d) Células NK.

**5. ¿Cuál es una función principal de los linfocitos T CD4+ en la respuesta inmunitaria?**

a) Fagocitar directamente bacterias extracelulares.
b) Sintetizar anticuerpos específicos.
c) Activar linfocitos B y macrófagos mediante citocinas.
d) Eliminar células tumorales mediante lisis directa.

**6. ¿Qué característica distingue a los macrófagos respecto a otros fagocitos del sistema inmune?**

a) No presentan antígenos en MHC.
b) Solo actúan en tejidos linfoides secundarios.
c) Participan en la respuesta innata y adaptativa mediante fagocitosis y presentación antigénica.
d) Solo se activan en presencia de linfocitos B.

**7. ¿Qué moléculas permiten a los linfocitos T reconocer antígenos específicos en células presentadoras?**

a) Receptores de inmunoglobulina soluble.
b) Receptores TCR (T Cell Receptor) junto con moléculas de MHC.
c) Enzimas lisosomales.
d) Factores de complemento.

**8. El donante no deberá realizar dos extracciones con un intervalo inferior a:**

a) 4 meses.
b) 3 meses.
c) 2 meses.
d) 2 meses y medio.

**9. No forma parte de los criterios de exclusión permanente de donantes homólogos:**

a) Hipertensión arterial grave.
b) Hepatitis A.
c) Babesiosis.
d) Diabetes que precisa tratamiento con insulina.

**10. ¿A causa de que elemento transfundido existe la reacción shock anafiláctico o urticaria?**

a) Plaquetas.
b) Leucocitos.
c) Hematíes.
d) Proteínas plasmáticas.

**11. Los síntomas de una reacción hemolítica inmediata son:**

a) Dolor en región lumbar, opresión torácica y fiebre.
b) Náuseas, opresión torácica y fiebre.
c) Dolor en región lumbar y fiebre.
d) Opresión torácica, fiebre y cefalea.

**12. La aparición de edemas pulmonares relacionados con transfusiones sanguíneas suelen deberse a la aparición de:**

a) Hipovolemia.
b) Intravolemia.
c) Hipervolemia.
d) Las respuestas a) y b) son correctas.

**13. Podemos definir la hemaglutinación como:**

a) La unión o aglomeración de varios hematíes.
b) La unión o aglutinación de varios hematíes.
c) La unión o aglutinación de varios cationes.
d) La separación de varios hematíes.

**14. ¿A qué grupo pertenece una aglutinina Beta o anti B y anti A1?**

a) Grupo A1B.
b) Grupo 0.
c) Grupo A2.
d) Grupo A2B.

**15. Las plaquetas, entre otros factores, tienen el papel principal en:**

a) La acumulación de la sangre.
b) La coagulación de la sangre.
c) La multiplicación de la sangre.
d) Todas las anteriores son incorrectas.

**16. Cada bolsa de concentrado de plaquetas aumenta los niveles de plaquetas del paciente en:**

a) $+10 \times 10^9/L/m^2$.
b) $10 \times 10^9/L/m^3$.
c) $10 \times 10^9/L/m^2$.
d) $10 \times 20^9/L/m^2$.

**17. El número de bolsas transfundidas al paciente dependerá de dos factores principales:**

a) Nivel de plaquetas en sangre y gastos periféricos.
b) Nivel de plaquetas en sangre y consumo de periféricos.
c) Nivel de coagulación en sangre y gastos periféricos.
d) Ninguna es correcta.

**18. Por término general podemos decir que se transfundirá una bolsa por cada:**

a) 20 kg.
b) 15 kg.
c) 25 kg.
d) 10 kg.

**19. En una operación quirúrgica como las del SNC u oftalmología, el recuento plaquetario debe ser:**

a) Superior a $50 \times 10^9/L$.
b) Superior a $80 \times 10^9/L$.
c) Superior a $60 \times 10^9/L$.
d) Superior a $40 \times 10^9/L$.

**20. El elemento plasmático responsable en una miastenia grave es:**

a) Anticuerpos anti PLA1.
b) Anticuerpos antifactor VIII.
c) Anticuerpos contra los receptores de la aceticolina.
d) Inmunoglobulinas monoclonales.

En MADTEST tienes **más preguntas de este tema,** y todos tus avances quedan registrados y se reflejan en el ranking.

**¡Supera tus límites con MADTEST!**

# Solución al test n.º 20

**1.** c) Neutrófilos.

**2.** b) Células dendríticas.

**3.** d) Reconocen antígenos presentados por MHC clase I y destruyen células infectadas.

**4.** d) Células NK.

**5.** c) Activar linfocitos B y macrófagos mediante citocinas.

**6.** c) Participan en la respuesta innata y adaptativa mediante fagocitosis y presentación antigénica.

**7.** b) Receptores TCR (T Cell Receptor) junto con moléculas de MHC.

**8.** c) 2 meses.

**9.** b) Hepatitis A.

**10.** d) Proteínas plasmáticas.

**11.** a) Dolor en región lumbar, opresión torácica y fiebre.

**12.** c) Hipervolemia.

**13.** c) La unión o aglutinación de varios hematíes.

**14.** c) Grupo A2.

**15.** b) La coagulación de la sangre.

**16.** c) 10 x 109/L/m2.

**17.** a) Nivel de plaquetas en sangre y gastos periféricos.

**18.** d) 10 kg.

**19.** b) Superior a 80 x 109/L.

**20.** c) Anticuerpos contra los receptores de la aceticolina.

# TEST N.º 21

**Técnicas de estudio de las heces: características organolépticas de las heces y determinación de sustancias eliminadas por las heces. Examen físico-químico de las heces y parasitología. Cribaje del carcinoma de colon mediante sangre oculta en heces**

**1. La principal sustancia secretada por el páncreas es:**

a) Lactoferrina.
b) Glucagón.
c) Lipasa.
d) Insulina.

**2. Entre las funciones del hígado no encontramos:**

a) Biotransformación de sustancias.
b) El almacenamiento de sustancias tóxicas.
c) Almacenamiento de glucosa.
d) Transformación de tóxicos en sustancias eliminables.

**3. La función principal del esfínter inferior del esófago es:**

a) Evitar el reflujo gastroesofágico.
b) Evitar la aspiración de los contenidos gastroesofágicos.
c) Evitar la activación del diafragma.
d) Todas son ciertas.

**4. De forma habitual excretamos una cantidad de heces de:**

a) 20 g.
b) 70 g.
c) 150 g.
d) 400 g.

**5. Unas heces fétidas se deberán a:**

a) Neoplasias.
b) Fístulas anales.
c) Tratamientos antibióticos.
d) Diarreas de fermentación.

**6. Si introducimos un papel tornasolado en una muestra de heces alcalinas aparecerá un color:**

a) Azul.
b) Rojo.
c) Verde.
d) Amarillo.

**7. El método más extendido para la determinación de sangre oculta en heces es:**

a) Método del guayaco.
b) Prueba de Benedict.
c) Tableta de Clinitest.
d) Test de Fisher.

**8. Para la determinación de leucocitos en heces teñiremos la muestra con:**

a) Eosina.
b) Azul de metileno de Loeffler.
c) Verde jano.
d) Nigrosina.

**9. La cantidad de cuerpos reductores en heces debe ser inferior a:**

a) 1 g/dl.
b) 0.5 g/dl.
c) 0.25 g/dl.
d) 0.1 g/dl.

**10. El test de la D – xilosa sirve para:**

a) Detectar sangre oculta en heces.
b) Detectar problemas de absorción.
c) Detectar presencia de leucocitos en heces.
d) Detectar infecciones de colon.

**11. La determinación automatizada cuantitativa de grasas se denomina:**

a) Van Kamer.
b) Whipple.

c) HDA.
d) Ninguna es cierta.

## 12. La amilorrea es la presencia en heces de:

a) Fibras musculares.
b) Células.
c) Almidón sin digerir.
d) Lípidos.

## 13. Denominamos hematoquecia a:

a) Aparición de sangre en esputo.
b) Aparición de sangre coagulada en heces.
c) Aparición de sangre roja brillante en heces.
d) Todas son ciertas.

## 14. Entre las causas de la hemorragia digestiva alta (HDA) no encontramos:

a) Varices esofágicas.
b) Esofagitis.
c) Tumores.
d) Diverticulosis crónica.

## 15. Es un tipo de hemorragia digestiva baja (HBD):

a) Melenas.
b) Rectorragia.
c) Hematoquecia.
d) Todas son ciertas.

## 16. No es una prueba de la función gástrica:

a) Determinación de la gastrina en ayunas.
b) Aclaramiento de la antitripsina.
c) Determinación de la hipersecreción ácida.
d) Determinación de Hollander.

## 17. Los movimientos antiperistálticos:

a) Producen el vómito.
b) Ayudan a la progresión del bolo alimenticio.
c) Ayudan a la trituración del bolo alimenticio.
d) Ayudan a la digestión.

## 18. Unas heces fétidas se deberán a:

a) Neoplasias.
b) Fístulas anales.

c) Tratamientos antibióticos.

d) Diarreas de fermentación.

**19. Si introducimos un papel tornasolado en una muestra de heces alcalinas aparecerá un color:**

a) Azul.

b) Rojo.

c) Verde.

d) Amarillo.

**20. El método más extendido para la determinación de sangre oculta en heces es:**

a) Método del guayaco.

b) Prueba de Benedict.

c) Tableta de Clinitest.

d) Test de Fisher.

En MADTEST tienes **más preguntas de este tema**, y todos tus avances quedan registrados y se reflejan en el ranking.

**¡Supera tus límites con MADTEST!**

# Solución al test n.º 21

**1.** d) Insulina.

**2.** b) El almacenamiento de sustancias tóxicas.

**3.** a) Evitar el reflujo gastroesofágico.

**4.** c) 150 g.

**5.** a) Neoplasias.

**6.** d) Amarillo.

**7.** a) Método del guayaco.

**8.** b) Azul de metileno de Loeffler.

**9.** c) 0.25 g/dl.

**10.** b) Detectar problemas de absorción.

**11.** a) Van Kamer.

**12.** c) Almidón sin digerir.

**13.** c) Aparición de sangre roja brillante en heces.

**14.** d) Diverticulosis crónica.

**15.** d) Todas son ciertas.

**16.** b) Aclaramiento de la antitripsina.

**17.** a) Producen el vómito.

**18.** a) Neoplasias.

**19.** d) Amarillo.

**20.** a) Método del guayaco.

**Técnicas de estudio de la orina y otros líquidos corporales. Examen físico de la orina: aspecto, color, olor, volumen, densidad/ peso específico, osmolalidad/ osmoralidad. Determinación de sustancias eliminadas por la orina. Análisis microscópico del sedimento urinario**

**1. El filtrado de la orina se realiza en:**

a) Glomérulo.
b) Cápsula de Bowman.
c) Túbulos contorneados.
d) Todas son ciertas.

**2. La orina presenta un color ámbar debido a la presencia de:**

a) Urobilinógeno.
b) Urocromo.
c) Lecitina.
d) Indol.

**3. En un examen macroscópico de la orina podemos considerar normal:**

a) Una tonalidad verdosa.
b) Una tonalidad amarilla.
c) La presencia de moco.
d) Todo esto se considerará patológico.

**4. Un paciente que ingiere 4 litros de líquido y que orina 3,8 litros es un paciente:**

a) Que puede presentar diabetes.
b) Que puede tener insuficiencia renal crónica.
c) Que puede deshidratarse si no corregimos la poliuria.
d) Es un paciente normal.

**5. La diabetes insípida puede originar una orina con una densidad de:**

a) 1.040.
b) 1.015.
c) 1.005.
d) 950.

**6. Las tiras reactivas para la determinación del pH urinario deben ser guardadas:**

a) A una temperatura de 8 ºC.
b) En la nevera.
c) En lugares secos y frescos.
d) En lugares húmedos alejados de la luz.

**7. La principal proteína que nos podemos encontrar en la orina es:**

a) Albúmina.
b) Bence-Jones.
c) Alfaglobulinas.
d) Betaglobulinas.

**8. Para determinar la proteinuria mediante tiras reactivas deberemos:**

a) Utilizar una muestra que no está centrifugada.
b) Introducir la tira reactiva durante un minuto.
c) Dejar secar la tira en papel de filtro.
d) Todas son ciertas.

**9. Para realizar el método de Dhommée para la determinación de proteinuria deberemos centrifugar la muestra:**

a) 15 minutos a 1800 rpm.
b) 4 minutos a 2000 rpm.
c) 10 minutos a 3000 rpm.
d) No se debe centrifugar la muestra.

**10. Para realizar el método de Biuret para la determinación de proteínas en orina:**

a) Usaremos la primera orina de la mañana.
b) Usaremos cualquier muestra de orina.
c) Usaremos orina de 24 h.
d) No importa la muestra que se use, solo necesitamos 10 ml.

**11. El test de Fehling para la determinación de glucosuria será positivo si:**

a) Aparece un precipitado tras calentar la muestra a ebullición.
b) Aparece un precipitado tras añadir la solución.

c) Aparece un anillo amarillo que podemos cuantificar a 540.
d) El test de Fehling no determina la glucosuria.

**12. Consideraremos normal el test de Benedict si:**

a) No aparece cambio de tono ni precipitado.
b) Aparece opacidad verde pero no precipitado.
c) Aparece un sobrenadante rojo y un precipitado verde.
d) Aparece un sobrenadante azul.

**13. En el método de la ortotoluidina el color permanece estable:**

a) 30 minutos.
b) 24 h.
c) Siempre.
d) 1 hora.

**14. En la determinación de la cetonuria por el método de Rothera no añadiremos al tubo:**

a) Sulfato de amonio.
b) Suero hipertónico.
c) Nitroprusiato sódico.
d) Amoniaco.

**15. En la orina podemos determinar la bilirrubina:**

a) Directa.
b) Indirecta.
c) Libre.
d) Total.

**16. La presencia de cilindros hemáticos es indicativa de:**

a) Hemorragias en la nefrona.
b) Procesos inflamatorios.
c) Procesos degenerativos.
d) Todas son ciertas.

**17. Los cristales de carbonato cálcico se distinguirán de los de oxalato cálcico mediante:**

a) Fucsina.
b) Ácido acético.
c) Clorhidrato de potasio.
d) Uratos.

**18. Si encontramos un cristal con forma de manojo de agujas pensaremos que es de:**

a) Tirosina.
b) Ácido hipúrico.
c) Bilirrubina.
d) Todas son ciertas.

**19. Para poner de manifiesto la presencia de aspirina en la orina deberemos añadir:**

a) Cloruro férrico.
b) Acetona.
c) Zinc.
d) Acetato sódico.

**20. Los hongos aparecerán en la orina en forma:**

a) De cocos.
b) Como células ovaladas con flagelo.
c) Como formaciones ovoides e incoloras.
d) Como cristales romboidales.

En MADTEST tienes **más preguntas de este tema**, y todos tus avances quedan registrados y se reflejan en el ranking.

**¡Supera tus límites con MADTEST!**

# Solución al test n.º 22

**1.** d) Todas son ciertas.

**2.** b) Urocromo.

**3.** c) La presencia de moco.

**4.** d) Es un paciente normal.

**5.** d) 950.

**6.** c) En lugares secos y frescos.

**7.** a) Albúmina.

**8.** a) Utilizar una muestra que no está centrifugada.

**9.** b) 4 minutos a 2000 rpm.

**10.** c) Usaremos orina de 24 h.

**11.** a) Aparece un precipitado tras calentar la muestra a ebullición.

**12.** b) Aparece opacidad verde pero no precipitado.

**13.** d) 1 hora.

**14.** b) Suero hipertónico.

**15.** a) Directa.

**16.** d) Todas son ciertas.

**17.** b) Ácido acético.

**18.** d) Todas son ciertas.

**19.** a) Cloruro férrico.

**20.** c) Como formaciones ovoides e incoloras.

**Técnicas de estudio de otros líquidos corporales. Estudio citológico y bioquímico del líquido cefalorraquídeo, líquido sinovial, líquido seminal, líquido pleural, líquido pericárdico y peritoneal**

**1. Una de las siguientes indicaciones NO es correcta a la hora de la recogida del semen para su análisis:**

a) Mínimo de 48 horas de abstinencia sexual.
b) Evitar temperaturas extremas durante el transporte al laboratorio.
c) El intervalo entre el momento de la eyaculación y el análisis puede ser mayor de 5 horas.
d) Recabar información al paciente sobre periodo de abstinencia, fecha y hora de eyaculación.

**2. En las normas de recogida de muestra de semen, se estipula un periodo de abstinencia sexual de:**

a) 2-7 días.
b) 4 semanas.
c) 6 meses.
d) No es necesaria la abstinencia sexual.

**3. El líquido cefalorraquídeo se localiza:**

a) Entre la piamadre y la aracnoides.
b) Entre la aracnoides y la duramadre.
c) Entre la piamadre y la duramadre.
d) Entre la médula espinal y el cerebro.

**4. ¿Cuál de las siguientes no es una característica normal del LCR (líquido cefalorraquídeo) de forma macroscópica?**

a) Es incoloro.
b) Viscosidad similar al agua.
c) Presencia de sedimento.
d) Aspecto claro.

**5. No se aprecian coágulos en el LCR en:**

a) Punciones traumáticas.
b) Bloqueo completo espinal.
c) Meningitis supurativa.
d) Hemorragia subaracnoidea.

**6. Para realizar el recuento celular diferencial del LCR lo teñiremos con:**

a) Negro Sudán.
b) Giemsa.
c) Pas.
d) Cualquiera de los anteriores.

**7. El aumento de las células en el LCR se denomina:**

a) Pleocitosis.
b) Hipercitemia.
c) Hipercirraquemia.
d) Se denominará según sea el tipo: linfocitosis, monocitosis.

**8. La proteína que más encontramos en el estudio del LCR es:**

a) IgG.
b) Albúmina.
c) Mielina.
d) Transferrina.

**9. Encontraremos niveles elevados de ADA en:**

a) Punciones traumáticas.
b) Meningitis bacterianas.
c) Encefalopatías herpéticas.
d) Encefalitis alcohólica.

**10. ¿Cuál de las siguientes características del líquido sinovial no consideraremos normal?**

a) Aspecto cristalino.
b) Tono amarillento.
c) No se coagula.
d) Todas son características normales de este líquido.

**11. Consideraremos normales niveles de leucocitos en una muestra de líquido sinovial de:**

a) $1200/ml^3$.
b) $800/ml^3$.

c) 500/ml³.
d) 200/ml³.

**12. Consideraremos que una paciente presenta oligohidramnios si tiene una cantidad de líquido sinovial inferior a:**

a) 1,5 L.
b) 1 L.
c) 0,5 L.
d) Ninguna es cierta.

**13. El líquido amniótico debe presentar un pH de:**

a) 7,13.
b) 6.5.
c) 6.
d) 8.2.

**14. El estudio bioquímico del líquido sinovial se realizará:**

a) En un tubo heparinizado.
b) En un tubo con EDTA.
c) En un tubo con oxalato cálcico.
d) En un tubo sin anticoagulante.

**15. Para realizar el test de Clements:**

a) Realizaremos el cociente lecitina/esfingomielina.
b) Usaremos luz polarizada.
c) Uniremos a partes iguales líquido amniótico y etanol.
d) Usaremos cromatografía para determinar los fosfolípidos presentes.

**16. Para realizar el estudio bacteriológico del líquido pericárdico usaremos:**

a) Cultivos.
b) Tinciones de Ziehl-Neelsen.
c) Tinciones de Gram.
d) Todas son ciertas.

**17. Realizaremos un recuento diferencial de leucocitos en líquido peritoneal cuando su valor supere los:**

a) 50/µl.
b) 150/µl.
c) 250/µl.
d) 350/µl.

**18. Se recibe en el laboratorio para su análisis una muestra resultante de un quilotórax. Se trata de:**

a) Un derrame pleural de origen infeccioso.

b) Un líquido pericárdico resultante de un taponamiento cardiaco.

c) Un derrame pleural de origen tuberculoso.

d) Un derrame pleural con extravasación de linfa por posible obstrucción de conductos linfáticos.

**19. Para la recogida correcta de una muestra de semen para la realización de un seminograma hay que seguir una serie de instrucciones preanalíticas. Señale la opción correcta:**

a) Utilizar un preservativo estéril.

b) Guardar de 2-7 días de abstinencia sexual.

c) Es suficiente recoger y llevar al laboratorio parte del eyaculado recogido.

d) No debe pasar desde que se recoge hasta su análisis más de 3 horas.

**20. La meningitis eosinofílica se debe a:**

a) Bacterias.

b) Virus.

c) Parásitos.

d) Fármacos.

En MADTEST tienes **más preguntas de este tema**, y todos tus avances quedan registrados y se reflejan en el ranking.

**¡Supera tus límites con MADTEST!**

# Solución al test n.º 23

**1.** c) El intervalo entre el momento de la eyaculación y el análisis puede ser mayor de 5 horas.

**2.** a) 2-7 días.

**3.** a) Entre la piamadre y la aracnoides.

**4.** c) Presencia de sedimento.

**5.** d) Hemorragia subaracnoidea.

**6.** b) Giemsa.

**7.** a) Pleocitosis.

**8.** b) Albúmina.

**9.** b) Meningitis bacterianas.

**10.** d) Todas son características normales de este líquido.

**11.** d) $200/ml^3$.

**12.** d) Ninguna es cierta.

**13.** a) 7,13.

**14.** d) En un tubo sin anticoagulante.

**15.** c) Uniremos a partes iguales líquido amniótico y etanol.

**16.** d) Todas son ciertas.

**17.** c) $250/\mu l$.

**18.** d) Un derrame pleural con extravasación de linfa por posible obstrucción de conductos linfáticos.

**19.** b) Guardar de 2-7 días de abstinencia sexual.

**20.** c) Parásitos.

**Clasificación de las proteínas: características. Determinación de enzimas. Screening neonatal. Detección de errores innatos del metabolismo y otras enfermedades. Gérmenes del tracto respiratorio: clasificación, significado clínico, determinación de la sensibilidad y tratamiento. Gérmenes del tracto genitourinario: tinciones diferenciales (material y técnica).**

**1. Las proteínas se componen de:**

a) Carbono.
b) Hidrógeno.
c) Nitrógeno.
d) Todas son ciertas.

**2. La tirosina es un aminoácido que según su estructura pertenece al grupo de:**

a) Diaminomonocarboxílico.
b) Monoaminomonocarboxílico sulfatado.
c) Monoaminomonocarboxílico alcalino.
d) Cíclico aromático.

**3. ¿Cuál de los siguientes es un aminoácido monoaminomonocarboxílico alcalino?**

a) Valina.
b) Cisteína.
c) Metionina.
d) Treonina.

**4. No es un aminoácido cíclico aromático:**

a) Triptófano.
b) Fenilalanina.
c) Glutamato.
d) Histidina.

**5. Una conformación en giro pertenece a una estructura:**

a) Primaria.
b) Secundaria.
c) Terciaria.
d) Cuaternaria.

**6. ¿Cuál de las siguientes afirmaciones sobre el recuento diario de movimientos fetales es falsa?**

a) Constituye un signo de alerta.
b) Se considera positiva si aparecen menos de 3 movimientos en una hora.
c) Hay que realizarla en un medio sanitario.
d) Si sale positiva hay que realizar pruebas de confirmación.

**7. La realización de ecografías nos permitirá sobre todo determinar:**

a) La presencia de anomalías fetales.
b) La evaluación del crecimiento.
c) La evaluación del desarrollo fetal.
d) Todas son ciertas.

**8. La competencia respiratoria de la placenta se determina mediante:**

a) Analíticas maternas.
b) Analíticas fetales.
c) Ecografía.
d) Monitorización de la FCF.

**9. En la prueba sin tensión someteremos a la gestante a una monitorización de:**

a) 10 minutos.
b) 15 minutos.
c) 20 minutos.
d) No hace falta la monitorización gestante para esta prueba.

**10. Si realizamos una PCT y obtenemos un resultado insatisfactorio deberemos:**

a) Realizar pruebas de confirmación de forma inmediata.
b) Realizar una ecografía que asegure el bienestar fetal.
c) Repetir la prueba en 24 horas.
d) Es normal, no haremos nada.

**11. No es una condición previa que tenga que cumplir el paciente, ante la toma de muestra de secreción faríngea:**

a) No tomar antibióticos en los últimos 8 días previos a la obtención de la muestras.
b) Acudir en ayunas.

c) No debe cepillarse los dientes.
d) No debe usar colutorio.

**12. Señala lo incorrecto del procesamiento de la muestra de secreción faríngea:**

a) Se realizará cultivo en agar sangre con la torunda, rotando esta de modo que toda su superficie quede en contacto sobre el primer cuadrante de inoculación en placa.
b) Extenderemos la muestra con una gasa estéril por los tres cuadrantes restantes de la placa, para que queden bien aisladas.
c) Una vez extendida la muestra por la placa se realizan varias incisiones en el medio para favorecer la visualización de la betahemólisis.
d) Si hay betahemólisis sugiere presencia de *S. aureus*.

**13. En una placa de agar sangre (AS) observamos colonias pequeñas de 1 a 1,5 mm de diámetro, rodeadas de un halo de hemólisis completa, al realizar Gram se tiñen de azul y están dispuestas en cadena; esto nos hará pensar que se trata de:**

a) *Staphylococcus.*
b) *Streptococcus.*
c) Neisseria.
d) Candida.

**14. De las siguientes citas, ¿qué microorganismo produce faringitis no estreptocócica?**

a) *Arcanobacterium haemolyticum.*
b) *N. gonorrhoeae.*
c) *Mycoplasma pneumoniae.*
d) Todas son correctas.

**15. Para diferenciar el *Streptcoccus pyogenes* de un enterococo se realiza la prueba de la bilis esculina, que:**

a) Es positiva para enterococos.
b) Es positiva para el estreptococo.
c) Es negativa para enterococos.
d) Todas con correctas.

**16. Las infecciones del tracto urinario pueden adquirirse:**

a) Por vía ascendente.
b) Por vía descendente.
c) Por vía hematógena.
d) Todas son correctas.

**17. La infección del parénquima renal se denomina:**

a) Cistitis.
b) Piuria.

c) Pielonefritis.
d) Nefritis.

**18. Uno de los siguientes gérmenes no es flora habitual de los genitales externos y uretra anterior:**

a) Estafilococos coagulasa positiva.
b) *E. coli.*
c) Levaduras.
d) Estreptococos.

**19. Son gérmenes productores de infecciones del tracto urinario:**

a) *Proteus mirabilis.*
b) *Klebsiella pneumoniae.*
c) *Enterococcus sp.*
d) Todos lo son.

**20. El examen de los elementos formes de la orina:**

a) Permite cuantificar e identificar los agentes causales.
b) Permite estudiar la sensibilidad a los antibióticos.
c) Informa sobre la presencia de leucocitos polimorfornucleares que se traducen en daño tisular.
d) Permite el estudio de la sintomatología clínica.

En MADTEST tienes **más preguntas de este tema**, y todos tus avances quedan registrados y se reflejan en el ranking.

**¡Supera tus límites con MADTEST!**

# Solución al test n.º 24

**1.** d) Todas son ciertas.

**2.** d) Cíclico aromático.

**3.** d) Treonina.

**4.** c) Glutamato.

**5.** c) Terciaria.

**6.** c) Hay que realizarla en un medio sanitario.

**7.** d) Todas son ciertas.

**8.** d) Monitorización de la FCF.

**9.** c) 20 minutos.

**10.** c) Repetir la prueba en 24 horas.

**11.** c) No debe cepillarse los dientes.

**12.** d) Si hay betahemólisis sugiere presencia de *S. aureus*.

**13.** b) *Streptococcus*.

**14.** d) Todas son correctas.

**15.** a) Es positiva para enterococos.

**16.** d) Todas son correctas.

**17.** c) Pielonefritis.

**18.** a) Estafilococos coagulasa positiva.

**19.** d) Todos lo son.

**20.** c) Informa sobre la presencia de leucocitos polimorfornucleares que se traducen en daño tisular.

**Conceptos básicos de genética: el ciclo vital de una célula somática: mitosis, meiosis, gametogénesis humana; estructura y función de los cromosomas y de los genes; bases cromosómicas de la herencia; patrones de herencia; alteraciones numéricas y estructurales de los cromosomas. Principales trastornos genéticos: clasificación**

**1. ¿Cómo se denomina a las células sexuales o gametos que contienen la mitad del número de cromosomas?**

a) Óvulo.
b) Espermatozoide.
c) Células haploides.
d) Todas son correctas.

**2. Los cromosomas en el genoma se diferencian de los demás por:**

a) Su longitud.
b) Por la posición de la centrómera.
c) Por la presencia y posición de las cromómeras.
d) Por todo lo anterior.

**3. ¿Qué cromosomas presentan brazos desiguales en longitud?**

a) Telocéntrico.
b) Submetacéntrico y acrocéntrico.
c) Metacéntrico.
d) Todos presentan brazos desiguales.

**4. El periodo que transcurre entre dos divisiones celulares sucesivas se denomina:**

a) Profase.
b) Interfase.
c) Cariofase.
d) Fase S.

**5. Un cariotipo es:**

a) La imagen de los 22 pares de autosomas por longitud y la colocación de los cromosomas sexuales a la derecha.
b) Un mapa cromosómico.
c) El estudio de los cromosomas.
d) La disposición de los cromosomas.

**6. Cuando parte de un cromosoma se pierde se denomina:**

a) Delección.
b) Duplicación.
c) Traslocación.
d) Inversión.

**7. Las técnicas de bandeo cromosómico incluye:**

a) Método de quinacrina.
b) Método de bandeo de bandas de giemsa.
c) Método de bandas reversas.
d) Todas son correctas.

**8. ¿Qué estructura celular se forma por microtúbulos dispuestos en forma radial alrededor del centrosoma al inicio de la mitosis?**

a) Áster.
b) Nucléolo.
c) Eucromatina.
d) ADN satélite.

**9. ¿Qué técnica de bandeo cromosómico utiliza tinción con Giemsa tras digestión con tripsina y es una de las más utilizadas actualmente?**

a) Bandas Q.
b) Bandas G.
c) Bandas R.
d) Bandas NOR.

**10. Los cromosomas corporales, que no son los sexuales, se denominan:**

a) Cromosomas heterólogos.
b) Cromosomas homólogos.
c) Gonosomas.
d) Autosomas.

**11. La constitución y disposición del cromosoma (o cromosomas) de un individuo se llama:**

a) Genoma.
b) Cariotipo.
c) Genotipo.
d) Fenotipo.

**12. ¿Qué células de la ovogénesis no participan en la fecundación?**

a) Globos o corpúsculos polares primarios.
b) Globos o corpúsculos polares secundarios.
c) Ovocitos.
d) Son ciertas a) y b).

**13. El primer método de tinción empleado para producir patrones específicos de bandas fue el método de:**

a) Bandas de Giemsa (bandas G).
b) Quinacrina (bandas Q).
c) Bandas reversas (bandas R).
d) Bandas NOR.

**14. El extremo de cada cromosoma se denomina:**

a) Centrómetro.
b) Acrómero.
c) Telómero.
d) Nada de lo anterior.

**15. Las células diploides son también las denominadas células:**

a) Vitales.
b) Somáticas.
c) Sexuales.
d) Germinales.

**16. Una aneuploidia es:**

a) El Síndrome de Turner.
b) Una triploidía.
c) Una alotetraploidía.
d) Ninguna de las anteriores.

**17. La disgenesia gonadsal es:**

a) El Síndrome de Down.
b) El Síndrome de Klinefelter.
c) El Síndrome de Turner.
d) El Síndrome de Edwards.

**18. La trisomía del par 18 es:**

a) El Síndrome de Down.
b) El Síndrome de Klinefelter.
c) El Síndrome de Patau.
d) El Síndrome de Edwards.

**19. ¿Qué alteración cromosómica se produce cuando partes del cromosoma se cambian de sitio?**

a) Delección.
b) Traslocación.
c) Inversión.
d) Repetición.

**20. ¿Qué tipo de mutación se da cuando se dan alteraciones de la secuencia de genes de un cromosoma? Mutación:**

a) Génica.
b) Cromosómica.
c) Genómica.
d) Nada de lo anterior es cierto.

En MADTEST tienes **más preguntas de este tema**, y todos tus avances quedan registrados y se reflejan en el ranking.

**¡Supera tus límites con MADTEST!**

# Solución al test n.º 25

**1.** d) Todas son correctas.

**2.** d) Por todo lo anterior.

**3.** b) Submetacéntrico y acrocéntrico.

**4.** b) Interfase.

**5.** a) La imagen de los 22 pares de autosomas por longitud y la colocación de los cromosomas sexuales a la derecha.

**6.** a) Delección.

**7.** d) Todas son correctas.

**8.** a) Áster.

**9.** b) Bandas G.

**10.** d) Autosomas.

**11.** b) Cariotipo.

**12.** d) Son ciertas a) y b).

**13.** b) Quinacrina (bandas Q).

**14.** c) Telómero.

**15.** b) Somáticas.

**16.** a) El Síndrome de Turner.

**17.** c) El Síndrome de Turner.

**18.** d) El Síndrome de Edwards.

**19.** b) Traslocación.

**20.** b) Cromosómica.

**Técnicas de análisis cromosómico: obtención de extensiones cromosómicas, métodos de tinción y bandeado cromosómico, nomenclatura citogenética. Tipos de cultivos celulares en citogenética, técnicas de obtención, manteniendo y propagación de cultivos. Diagnóstico prenatal**

**1. ¿Cuál es la muestra de primera elección para el análisis cromosómico?**

a) Medula ósea.
b) Amniocentesis.
c) Sangre periférica.
d) Líquido cefalorraquídeo.

**2. La definición "obtener cromosomas que presenten un patrón de bandas transversales claras y oscuras debido a los tratamientos a los que se somete", se refiere a:**

a) Cariotipo.
b) Bandeo cromosómico.
c) Tinción cromosómica.
d) Tinción de NOR.

**3. Respecto a las técnicas de bandeo cromosómico señala la respuesta correcta:**

a) El bandeo G o técnica GTG obtiene un patrón de bandas donde las oscuras corresponden a regiones de ADN ricas en GC y las claras son regiones de ADN ricas en AT.
b) Con la técnica de bandeo reverso obtenemos un patrón de bandas negativo (reverso) al de las bandas G.
c) Con el bandeo C se tiñen las regiones de los cromosomas ricas en eucromatina.
d) Todas las respuestas anteriores son correctas.

**4. Respecto a la nomenclatura citogenética:**

a) Las bandas dentro de cada región se numeran igualmente, por su proximidad al centrómero.

b) El código se forma: cromosoma – brazo – región – banda.

c) Los cromosomas se ordenan siguiendo tres criterios: el tamaño (de mayor a menor), la posición del centrómero (primero metacéntricos, submetacéntricos y acrocéntricos) y la presencia de constricciones secundarias.

d) Todas las respuestas anteriores son correctas.

**5. Respecto a las alteraciones cromosómicas:**

a) El síndrome de Klinefelter o 47, XXY es la anomalía cromosómica más frecuente en la mujer.

b) El síndrome de Turner o síndrome 45, X afecta solo a mujeres.

c) El síndrome de Edwards es la trisomía del cromosoma 13.

d) Las translocaciones robertsonianas se producen cuando un fragmento de un cromosoma se inserta en otro.

**6. Con un gameto anómalo, en el que durante la meiosis II no se ha separado un cromosoma, forma un cigoto con un gameto normal; ¿qué término describe mejor dicho cigoto?**

a) Haploide.

b) Diploide.

c) Euploide.

d) Aneuploide.

**7. Los marcadores bioquímicos del cribado prenatal:**

a) Los marcadores del primer trimestre de gestación son la alfafetoproteína, las fracciones libres de la gonadotrofina coriónica humana (fs-HCG) y la PAPP-A.

b) Los marcadores utilizados durante el segundo trimestre de gestación son la fs-HCG, la PAPP-A, y el estriol no conjugado.

c) Los marcadores del segundo trimestre son el estriol no conjugado, la inhibina A y la fs-HCG.

d) Los marcadores del segundo trimestre son la alfafetoproteína, el estriol no conjugado, la inhibina A y la fs-HCG.

**8. El cultivo celular:**

a) Se define como el conjunto de procedimientos que hacen posible el mantenimiento de células de organismos unicelulares.

b) Se define como el conjunto de procedimientos que hacen posible el mantenimiento de células de organismos pluricelulares in vivo.

c) Se define como el conjunto de procedimientos que hacen posible el mantenimiento de células de organismos unicelulares in vitro.

d) Se define como el conjunto de procedimientos que hacen posible el mantenimiento de células de organismos pluricelulares in vitro.

**9. Es característico de los cultivos en monocapa:**

a) Inhibición por contacto.
b) Inhibición por densidad.
c) Fenómeno de transformación.
d) Todas son correctas.

**10. La senescencia celular es una fase propia de:**

a) Línea celular primaria.
b) Línea celular continua.
c) Línea celular secundaria.
d) Línea celular discontinua.

**11. ¿Qué factores son necesarios para un cultivo de células?**

a) Soporte físico, composición y propiedades físico-químicas del medio, la atmósfera gaseosa y las condiciones de incubación.
b) Soporte químico, composición y propiedades físico-químicas del medio, pH y las condiciones de mantenimiento.
c) Soporte físico, composición y propiedades físico-químicas del medio, la atmósfera gaseosa y las condiciones.
d) Factor físico, químico y biológico.

**12. ¿Cuál es el parámetro más importante que se debe tener en cuenta en los recipientes para cultivo?**

a) La resistencia.
b) La superficie útil de cultivo.
c) Su capacidad de vertido.
d) Todas son correctas.

**13. Las botellas Roux:**

a) Son frascos planos con tapón de rosca y disponible en muchos tamaños.
b) Su superficie varía entre 25 y 75 cm², aunque los hay de hasta 225 cm².
c) Sirven tanto para cultivo en monocapa como en suspensión.
d) Todas son correctas.

**14. ¿Qué tipo de medios de cultivos son los más utilizados para el cultivo de células?**

a) Medios naturales.
b) Medios artificiales.
c) Medios sintéticos.
d) Las respuestas b) y c) son correctas.

**15. ¿Cuál de los siguientes componentes del medio de cultivo proporciona energía a las células?**

a) Glucosa.
b) Aminoácidos.
c) Vitaminas.
d) Bicarbonato.

**16. En las incubadoras con un 5 % de $CO_2$ se suele utilizar:**

a) Tampón bicarbonato.
b) Tampón fenol.
c) Suero.
d) Tampón fosfato.

**17. ¿Qué indica una disomía uniparental en un cariotipo humano?**

a) Que ambos cromosomas homólogos de un par provienen del mismo progenitor.
b) Que hay una ganancia del brazo largo de un cromosoma.
c) Que existe una trisomía con un cromosoma adicional.
d) Que un cromosoma ha perdido su centrómero y es inviable.

**18. ¿Qué método mecánico de disgregación celular es muy usado para órganos blandos?**

a) Triturar.
b) Machacar.
c) Tamizar.
d) Cortar.

**19. Indica la respuesta correcta:**

a) El medio RPMI 1640 suele utilizarse en cultivo de linfoblastos, células linfoides estimuladas y células leucémicas.
b) El medio MEM solo contiene aminoácidos no esenciales.
c) El medio DMEM es un medio basal que solo contiene los aminoácidos esenciales.
d) Todas son correctas.

**20. Indica el enunciado falso:**

a) Actualmente las buenas prácticas de cultivo de células recomiendan la certificación de la procedencia de las células.
b) Cualquier laboratorio puede acreditar la procedencia de sus cultivos por el hecho de cultivarlas en los mismos.

c) Un cultivo suministrado por un laboratorio no acreditado puede portar tipos celulares no esperados.

d) La procedencia de un cultivo es un requisito a justificar en cualquier trabajo de investigación.

En MADTEST tienes **más preguntas de este tema**, y todos tus avances quedan registrados y se reflejan en el ranking.

**¡Supera tus límites con MADTEST!**

# Solución al test n.º 26

**1.** c) Sangre periférica.

**2.** b) Bandeo cromosómico.

**3.** b) Con la técnica de bandeo reverso obtenemos un patrón de bandas negativo (reverso) al de las bandas G.

**4.** d) Todas las respuestas anteriores son correctas.

**5.** b) El síndrome de Turner o síndrome 45, X afecta solo a mujeres.

**6.** d) Aneuploide.

**7.** d) Los marcadores del segundo trimestre son la alfafetoproteína, el estriol no conjugado, la inhibina A y la fs-HCG.

**8.** d) Se define como el conjunto de procedimientos que hacen posible el mantenimiento de células de organismos pluricelulares in vitro.

**9.** a) Inhibición por contacto.

**10.** a) Línea celular primaria.

**11.** a) Soporte físico, composición y propiedades físico-químicas del medio, la atmósfera gaseosa y las condiciones de incubación.

**12.** b) La superficie útil de cultivo.

**13.** d) Todas son correctas.

**14.** d) Las respuestas b) y c) son correctas.

**15.** a) Glucosa.

**16.** a) Tampón bicarbonato.

**17.** a) Que ambos cromosomas homólogos de un par provienen del mismo progenitor.

**18.** c) Tamizar.

**19.** a) El medio RPMI 1640 suele utilizarse en cultivo de linfoblastos, células linfoides estimuladas y células leucémicas.

**20.** b) Cualquier laboratorio puede acreditar la procedencia de sus cultivos por el hecho de cultivarlas en los mismos.

**Métodos de diagnóstico genético molecular: técnicas de extracción de ácidos nucleicos, técnicas de PCR y electroforesis para el estudio de los ácidos nucleicos, técnicas de transferencia e hibridación de ácidos nucleicos, secuenciación de ADN...etc**

**1. La muestra más adecuada para la extracción de ácidos nucleicos:**

a) Siempre que se pueda es preferible utilizar suero.
b) Solo es posible utilizar sangre anticoagulada con EDTA.
c) Es preferible utilizar una muestra anticoagulada con heparina o citrato.
d) Es preferible utilizar una muestra anticoagulada con EDTA aunque es posible utilizar sangre anticoagulada con heparina o citrato.

**2. En la cromatografía de intercambio iónico:**

a) Si se unen aniones de la solución hablamos de intercambio aniónico.
b) Para purificar los ácidos nucleicos se utilizan matrices de celulosa.
c) El intercambiador aniónico más utilizado es el metilaminoetanol.
d) Todas son correctas.

**3. Para determinar el grado de pureza de los ácidos nucleicos:**

a) Se considera que el ADN tiene un grado de pureza adecuado si el cociente A260/A280 tiene un valor entre 1,7 y 2,0.
b) Por encima de 2.0 indica una concentración elevada de proteínas.
c) Por debajo de 1,6, indica contaminación excesiva de la muestra por ARN.
d) Todas son incorrectas.

**4. La unión de pares de bases en el ADN es siempre:**

a) Adenina (A) con guanina (G), y citosina (C) con timina (T).
b) Adenina (A) con timina (T), y citosina (C) con guanina (G).

c) Adenina (A) con citosina (C), y timina (T) con guanina (G).

d) Adenina (A) con timina (T), y citosina (C) con uracilo (U).

## 5. Diremos de las sondas utilizadas en técnicas de hibridación que:

a) Las sondas de ADN de síntesis química son monocatenarias y de >200 pares de bases.

b) Las sondas de ADN recombinante son bicatenarias y de gran tamaño (cientos/miles de pares de bases).

c) Las sondas de ADN mediante PCR son monocatenarias y tienen un tamaño intermedio (cientos de bases).

d) Las sondas más utilizadas son las de ADN mediante PCR por ser las más sensibles y específicas.

## 6. El Northern-blot:

a) Toma la mezcla de ADN y se somete a una electroforesis en gel a fin de separar los fragmentos en base a su tamaño.

b) Es un método histoquímico que emplea la biología molecular.

c) Es una técnica de electroforesis en gel de agarosa. Separamos en base a la longitud de los fragmentos de ADN y, después, una transferencia a una membrana en la cual se efectúa la hibridación de la sonda.

d) Es la misma técnica que el Southern-blot equivalente para ARN.

## 7. ¿Cuál de las siguientes técnicas usarías, preferentemente, para separar fragmentos de ADN?

a) Cromatografía.

b) Espectrofotometría.

c) Nefelometría.

d) Electroforesis.

## 8. La definición "proceso que consiste en separar los ácidos nucleicos de los demás componentes" se refiere a:

a) Lisis.

b) Purificación.

c) Extracción.

d) Precipitación.

## 9. Para la purificación del ARN es imprescindible:

a) Trabajar con guantes en cabina flujolaminar.

b) Limpieza de superficies con soluciones comerciales inactivadoras de ARNasas.

c) Certificación de todo el material libre de ARNasas.

d) Todas son correctas.

**10. En cuanto a la pureza de los ácidos nucleicos, ¿cómo se determina la presencia de contaminantes?**

a) Con espectrofotometría.
b) Con radiometría.
c) Con cromatografía.
d) Con electroforesis.

**11. ¿A qué temperatura es preferible guardar las muestras de ARN?**

a) A 4 ºC.
b) A -20 ºC.
c) A -80 ºC.
d) A -196 ºC.

**12. La técnica de PCR se basa en:**

a) Replicación in situ del ARN.
b) Multiplicación in vitro de ADN, mediante replicación bacteriana.
c) Síntesis enzimática para amplificar in vitro fragmentos pequeños de ácidos nucleicos que se encuentran presentes en la muestra en cantidades pequeñas.
d) Multiplicación de fragmento de ADN a través de vectores.

**13. Cuando el producto de la amplificación es usado como molde para una segunda amplificación se conoce como técnica:**

a) PCR múltiple.
b) PCR tiempo real.
c) PCR anidada.
d) RT-PCR.

**14. ¿Qué tipo de reacciones se dan en la técnica de Western Blot?**

a) De descarboxilación.
b) Antígeno (conocido)- Anticuerpo (suero problema).
c) Antígeno (suero problema)- Anticuerpo (conocido).
d) De neutralización.

**15. ¿Qué técnica de estas se emplea más frecuentemente en el diagnóstico prenatal de las cromosomopatías más corrientes?**

a) Northern blot.
b) Southern blot.
c) Western blot.
d) Hibridación "in situ".

**16. El término PCR múltiple se refiere a:**

a) Ampliación simultánea de distintos fragmentos de ADN en distintos tubos al mismo tiempo.

b) Ampliación simultánea de distintos fragmentos de ADN de distintos pacientes en un mismo tubo.

c) Ampliación simultanea de distintos fragmentos de ADN de distintos pacientes en distintos tubos.

d) Ampliación simultánea de distintos fragmentos de un mismo ADN con distintos cebadores en un mismo tubo.

**17. Los microarrays se clasifican según el tipo:**

a) Sonda usada.

b) Antena usada.

c) Enzimas usados.

d) Son ciertas a) y c).

**18. Las técnicas de hibridación se diferencian por:**

a) El tipo de ácido nucleico que se pretende detectar.

b) El tipo de sonda a utilizar.

c) El tipo de marcaje de la sonda.

d) Todas son correctas.

**19. La cadena de nucleótidos cuya secuencia de bases nitrogenadas es complementaria a la secuencia diana se denomina:**

a) Sonda sentido.

b) Sonda bicatenaria.

c) Sonda.

d) Secuencia diana.

**20. Las sondas no radiactivas empleadas en hibridación son:**

a) Menos estables, inseguras, pero más rápidas.

b) Más estables, seguras, pero más lentas.

c) Más estables, seguras y rápidas.

d) Menos estables, inseguras y muy lentas.

En MADTEST tienes **más preguntas de este tema**, y todos tus avances quedan registrados y se reflejan en el ranking.

**¡Supera tus límites con MADTEST!**

# Solución al test n.º 27

**1.** d) Es preferible utilizar una muestra anticoagulada con EDTA aunque es posible utilizar sangre anticoagulada con heparina o citrato.

**2.** d) Todas son correctas.

**3.** a) Se considera que el ADN tiene un grado de pureza adecuado si el cociente A260/A280 tiene un valor entre 1,7 y 2,0.

**4.** b) Adenina (A) con timina (T), y citosina (C) con guanina (G).

**5.** b) Las sondas de ADN recombinante son bicatenarias y de gran tamaño (cientos/miles de pares de bases).

**6.** d) Es la misma técnica que el Southern-blot equivalente para ARN.

**7.** d) Electroforesis.

**8.** b) Purificación.

**9.** d) Todas son correctas.

**10.** a) Con espectrofotometría.

**11.** c) A -80 ºC.

**12.** c) Síntesis enzimática para amplificar in vitro fragmentos pequeños de ácidos nucleicos que se encuentran presentes en la muestra en cantidades pequeñas.

**13.** c) PCR anidada.

**14.** b) Antígeno (conocido)- Anticuerpo (suero problema).

**15.** d) Hibridación "in situ".

**16.** d) Ampliación simultánea de distintos fragmentos de un mismo ADN con distintos cebadores en un mismo tubo.

**17.** b) Antena usada.

**18.** d) Todas son correctas.

**19.** c) Sonda.

**20.** c) Más estables, seguras y rápidas.

**Clasificación de los marcadores tumorales. Estudio y determinación de marcadores tumorales en sangre. Marcadores tumorales más utilizados: determinaciones y aplicación clínica. Anatomía y fisiología cardiaca. Determinaciones analíticas para el estudio de la función cardiaca. Marcadores cardiacos y aplicación clínica. Anatomía y fisiología hepática. Determinaciones analíticas para el estudio de la función hepática. Marcadores séricos de la enfermedad hepática. La función hepática: determinaciones y aplicación clínica. Anatomía y fisiología endocrina. Determinaciones analíticas para el estudio de la función endocrina. Marcadores séricos de la enfermedad endocrina. Marcadores de enfermedad endocrina más utilizados y utilidad clónica. Hormonas tiroideas: conceptos generales, técnicas para su determinación y aplicaciones clínicas**

**1. Si sospechamos que nuestro paciente presenta una leucemia no solicitaremos la determinación de:**

a) LDH.
b) Lisozima.
c) Amilasa.
d) Todas se deben solicitar.

**2. El método de análisis de la hidroxiprolina es:**

a) RIA.
b) ELISA.
c) HPLC.
d) Cromatografía.

**3. Para un tumor de próstata usaremos receptores:**

a) De estrógenos.
b) De andrógenos.

c) De progesterona.
d) De LTH.

**4. Las inmunoglobulinas estarán aumentadas en:**

a) Carcinoma hepatobiliar.
b) Linfosarcoma.
c) Mieloma múltiple.
d) Todas son ciertas.

**5. ¿Cuál de las siguientes características diferencia el dolor del infarto agudo de miocardio del de la angina de pecho?**

a) Se alivia con el reposo.
b) Es menos intenso y dura pocos minutos.
c) No está relacionado con el esfuerzo y no cede con el reposo.
d) Solo aparece tras un ejercicio físico intenso.

**6. ¿Cuál de las siguientes afirmaciones sobre la mioglobina como marcador de infarto agudo de miocardio (IAM) es correcta?**

a) Es específica del tejido cardíaco y no se eleva en otras lesiones musculares.
b) Su elevación en sangre es tardía, alcanzando su pico a los 3 días.
c) Es útil como marcador precoz por su rápida liberación tras el daño muscular.
d) Se elimina del organismo exclusivamente por el sistema hepático.

**7. La mioglobina presenta un ascenso a:**

a) Los 30-45 minutos tras el fallo isquémico.
b) Las 2-3 h tras el fallo isquémico.
c) Las 4-6 h tras el fallo isquémico.
d) Las 7-9 h tras el fallo isquémico.

**8. La Troponina T (Tn) permanece elevada en lesiones isquémicas durante:**

a) 4-6 h.
b) 48 h.
c) 3 días.
d) 7 días.

**9. Las pruebas funcionales hepáticas se realizan con la finalidad de:**

a) Determinar presencia o no de enfermedad hepática.
b) Establecer la severidad de la lesión.
c) Monitorizar el curso de la enfermedad.
d) Todas son correctas.

**10. La aspartato aminotransferasa:**

a) En casos de hepatitis agudas sus niveles están muy aumentados.
b) En caso de hepatitis crónicas sus niveles también están aumentados.
c) Se encuentra aumentada en el hepatocarcinoma.
d) Se encuentra aumentada en metástasis hepáticas.

**11. Una de las siguientes pruebas indica lesión hepática:**

a) Estudio de las aminotransferasas.
b) Estudio de la bilirrubina.
c) Estudio de globulinas.
d) Estudio de la albúmina.

**12. La GPT es una enzima:**

a) Mitocondrial.
b) Citoplasmática.
c) Nuclear.
d) Intracelular.

**13. ¿Qué célula ósea contiene fosfatasa alcalina?**

a) Osteoclasto.
b) Osteocito.
c) Osteoblasto.
d) Osteolito.

**14. ¿Qué tipo de colágeno contiene la matriz ósea orgánica?**

a) Tipo α.
b) Tipo I.
c) Tipo β.
d) Tipo δ.

**15. Las microfibrillas del colágeno son ricas en aminoácidos; señala cuál de los siguientes aminoácidos es el más abundante:**

a) Leucina.
b) Prolina.
c) Hidroxiprolina.
d) Cisteína.

**16. Señala la respuesta incorrecta sobre la calcitonina:**

a) Se produce en las células C o parafoliculares del tiroides.
b) Es inhibidora de la reabsorción ósea.

c) Se produce en la glándula paratiroides.

d) Reduce la actividad de los osteoclastos.

**17. ¿A qué se corresponden los siguientes datos de laboratorio: TSH baja o normal, FT4 o FT3 bajas?**

a) Hipotiroidismo primario.

b) Hipertiroidismo secundario.

c) Hipotiroidismo terciario.

d) Hipotiroidismo hipofisario.

**18. La subunidad de TSH que le confiere su actividad y especificidad funcional es:**

a) Cadena alfa.

b) Cadena beta.

c) Cadena delta.

d) Cadena épsilon.

**19. Señala la respuesta correcta en relación a las hormonas tiroides:**

a) La principal hormona tiroidea secretada a la circulación es la T3.

b) Ejercen sobre el metabolismo un comienzo lento y una acción prolongada.

c) el 2 % de la T4 secretada por el tiroides se convierte en T3.

d) Sus receptores están en la membrana plasmática.

**20. Las hormonas tiroideas actúan a nivel hemático:**

a) Incrementando la formación de eritropoyetina.

b) En la síntesis de glucógeno.

c) Incrementando la formación de leucocitos.

d) En la degradación de proteínas.

En MADTEST tienes **más preguntas de este tema**, y todos tus avances quedan registrados y se reflejan en el ranking.

**¡Supera tus límites con MADTEST!**

# Solución al test n.º 28

**1.** c) Amilasa.

**2.** c) HPLC.

**3.** b) De andrógenos.

**4.** d) Todas son ciertas.

**5.** c) No está relacionado con el esfuerzo y no cede con el reposo.

**6.** c) Es útil como marcador precoz por su rápida liberación tras el daño muscular.

**7.** b) Las 2-3 h tras el fallo isquémico.

**8.** a) 4-6 horas.

**9.** d) Todas son correctas.

**10.** a) En casos de hepatitis agudas sus niveles están muy aumentados.

**11.** a) Estudio de las aminotransferasas.

**12.** b) Citoplasmática.

**13.** c) Osteoblasto.

**14.** b) Tipo I.

**15.** c) Hidroxiprolina.

**16.** c) Se produce en la glándula paratiroides.

**17.** d) Hipotiroidismo hipofisario.

**18.** b) Cadena beta.

**19.** b) Ejercen sobre el metabolismo un comienzo lento y una acción prolongada.

**20.** a) Incrementando la formación de eritropoyetina.

Microbiología: características diferenciales de bacterias, hongos, parásitos y virus. Técnicas de observación. Tipos de tinciones. Características del crecimiento de los microorganismos. Medios de cultivo para crecimiento y aislamiento primario. Características y clasificación de los medios de cultivo. Técnicas de inoculación, aislamiento y recuentos celulares bacterianos. Características de los microorganismos implicados en procesos infecciosos: Cocos Gram positivos y Gram negativos. Bacilos Gram positivos y Gram negativos. Micobacterias. Aerobios y anaeroblos. Pruebas de sensibilidad a los antimicrobianos: tipos, interpretación. Concepto de resistencia antibacteriana. Pruebas de dilución y sensibilidad por dilución

**1. Dentro de los medios selectivos diferenciales para los estafilococos utilizamos:**

a) Agar sangre.
b) Trayer-Martin.
c) Agar yema de huevo.
d) Agar manitol salado.

**2. La clasificación de los estreptococos se basan en:**

a) Su carácter hemolítico.
b) Su estructura antigénica.
c) Su morfología.
d) Las respuestas a) y b) son correctas.

**3. *S. Pyogenes* produce:**

a) Faringitis.
b) Fiebres reumáticas.
c) Glomerulonefritis.
d) Todas son ciertas.

**4. Para diferenciar el *Streptcoccus pyogenes* de un enterococo se realiza la prueba de la bilis esculina:**

a) Es positiva para enterococos.
b) Es positiva para el estreptococo.
c) Es negativa para enterococos.
d) Es positiva para *S. pyogenes*.

**5. El *Clostridium perfringens* produce:**

a) El tétanos.
b) El botulismo.
c) La gangrena.
d) La tos ferina.

**6. Los *Clostridium* son anaerobios obligados por eso se realiza una siembra rápida utilizándose normalmente:**

a) Agar Sabouraud.
b) Agar yema de huevo.
c) Agar chocolate enriquecido.
d) Agar MacConkey.

**7. Para identificar la toxina botulínica actualmente se utiliza:**

a) Nefelometría.
b) ELISA.
c) Cromatografía.
d) Espectrofotometría.

**8. Nocardia:**

a) Es una bacteria gram positiva que se encuentra en los suelos.
b) Son catalasa positivas y con forma de bacilos filamentosos.
c) Es acidorresistente.
d) Todas son correctas.

**9. Si se produce una septicemia por gonococos (gonococemia) NO es necesario realizar para la confirmación del diagnóstico:**

a) Rash cutáneo.
b) Hemocultivo.
c) Extracción líquido cefalorraquídeo.
d) Biopsias de las lesiones cutáneas.

**10. *N. meningitidis* puede:**

a) Provocar neumonías.
b) Provocar poliartritis.
c) Producir endocarditis.
d) Todas son correctas.

**11. El diagnóstico precoz de la meningitis consiste en:**

a) Tratamiento con antibióticos.
b) Serología (aglutinación con látex).
c) Pruebas bioquímicas para la identificación del meningococo.
d) Pruebas tintoriales.

**12. El sobrenadante del LCR de un paciente sospechoso de meningococo se utiliza para:**

a) Detección de antígenos capsulares.
b) Siembra en medios de cultivo adecuados como agar chocolate.
c) Pruebas de identificación bioquímicas.
d) Todas las respuestas anteriores son correctas.

**13. La disentería bacilar la produce:**

a) *Salmonella*.
b) *Shigella*.
c) *E. Coli*.
d) *Yersinia*.

**14. El género *Serratia*:**

a) Produce la misma gama de infecciones oportunistas que el resto de enterobacterias.
b) Presentan gran virulencia.
c) Presentan gran resistencia a antibióticos.
d) Todas son correctas.

**15. No es un factor de riesgo para padecer Legionella:**

a) Ser fumador.
b) Presentar inumunocompetencia.
c) Enfermos tratados con glucocorticoides.
d) Ser portador del VIH.

**16. *Campylobacter* es:**

a) Bacilo microaerófilo.
b) Una bacteria que produce gastroenteritis, con diarreas sanguinolenta.

c) Son Gram negativo.
d) Todas son correctas.

**17. La anfotericina B pertenece al grupo antimicrobiano de los:**

a) Aminoglucósidos.
b) Polienos.
c) Macrólidos.
d) Tetraciclinas.

**18. Son métodos antimicrobianos para gérmenes aerobios:**

a) Método de dilución en caldo.
b) Método por dilución en medio sólido.
c) Antibiograma por difusión en agar.
d) Todos son métodos para gérmenes aerobios.

**19. ¿Qué método de sensibilidad de los agentes antimicrobianos para gérmenes aerobios es el más corriente de uso (prácticamente rutinario) debido a su sencillez?**

a) Dilución en caldo.
b) Antibiograma por dilución en medio sólido.
c) Antibiograma por difusión en agar.
d) Caldo infusión cerebro corazón.

**20. ¿Qué otro antibiótico pertenece al mismo grupo o familia que la nistatina?**

a) Anfotericina B.
b) Eritromicina.
c) Estreptomicina.
d) Carbomicina.

En MADTEST tienes **más preguntas de este tema**, y todos tus avances quedan registrados y se reflejan en el ranking.

**¡Supera tus límites con MADTEST!**

# Solución al test n.º 29

**1.** d) Agar manitol salado.

**2.** d) Las respuestas a) y b) son correctas.

**3.** d) Todas son ciertas.

**4.** a) Es positiva para enterococos.

**5.** c) La gangrena.

**6.** b) Agar yema de huevo.

**7.** b ELISA.

**8.** d) Todas son correctas.

**9.** c) Extracción líquido cefalorraquídeo.

**10.** d) Todas son correctas.

**11.** b) Serología (aglutinación con látex).

**12.** a) Detección de antígenos capsulares.

**13.** b) *Shigella*.

**14.** d) Todas son correctas.

**15.** b) Presentan inmunocompetencia.

**16.** d) Todas son correctas.

**17.** b) Polienos.

**18.** d) Todos son métodos para gérmenes aerobios.

**19.** c) Antibiograma por difusión en agar.

**20.** a) Anfotericina B.

# TEST N.º 30

**Micología: clasificación, aislamiento y examen de los hongos. Diagnóstico micológico de laboratorio. Parasitología y métodos de identificación. Virología: métodos de cultivo e identificación. VIH/Sida: Patogenia y clínica. Diagnóstico de laboratorio de la infección por VIH**

**1. Dentro de las muestras más habituales para el estudio de hongos, encontramos las de las secreciones respiratorias. Señala cuál sería el protocolo de actuación correcto:**

a) Hay que intentar sembrar la mayor cantidad posible de inóculo, en medios con antibacterianos y antimicóticos.
b) La muestra se filtrará y se centrifugará.
c) Se sembrará en medio que contenga antibacterianos.
d) Se inoculará directamente en el medio.

**2. Es un medio de cultivo empleado para un aislamiento primario de hongos:**

a) Agar cerebro-corazón con antibióticos.
b) Agar extracto levadura.
c) Agar mycosel.
d) Todos son medios de cultivos empleados en aislamiento primario de hongos.

**3. La tinta china se utiliza para poner de manifiesto:**

a) Las hifas de los hongos.
b) La gemación de *Candida*.
c) La cápsula de Criptococo.
d) Las esporas de *Aspergillus*.

**4. Existen varios métodos de identificación de levaduras, pero uno de ellos es el que más se utiliza, debido a que proporciona la identificación definitiva:**

a) Prueba del tubo germinativo.
b) Morfología en agar harina de maíz.

c) Utilización de los carbohidratos.
d) Detección del fenol oxidasa.

**5. ¿Qué antifúngico deriva de *Streptomyces noursei*?**

a) Anfotericina
b) Eritromicina.
c) Nistatina.
d) Penicilina.

**6. El agar Sabouraud es un medio adecuado para el crecimiento de:**

a) Levaduras.
b) Cocos Gram +.
c) Enterobacteriaceas.
d) Selectivo para *Salmonella* y *Shigella*.

**7. La tiña negra está producida por:**

a) *Hortaea werneckii*.
b) *Malassezia furfur*.
c) *Sporothrix schenckii*.
d) Todas falsas.

**8. El diagnóstico de casi todas las parasitosis intestinales por nematodos depende de:**

a) El coprocultivo.
b) El aspecto de las heces.
c) El hallazgo de los huevos en heces.
d) El hallazgo del organismo en las heces.

**9. *Fasciola hepatica* es:**

a) Nematodo.
b) Trematodo.
c) Cestodo.
d) Oxiuro.

**10. *Echinococcus granulosus* produce:**

a) La cisticercosis.
b) El quiste hidatídico.
c) La toxocariosis.
d) Una pandemia.

**11. La larva *migrans visceral* está producida por la ingestión de huevos de:**

a) *T. saginata*.
b) *Necator americans*.
c) *Toxocara canis*.
d) *Oxiuros*.

**12. La forma de resistencia de los protozoos recibe el nombre de:**

a) Trofozoíto.
b) Larva.
c) Esquizonte.
d) Quiste.

**13. Señala lo correcto respecto a los anquilostomas:**

a) Son cestodos.
b) La infección humana se conoce como triquinosis.
c) El hábitat del adulto es el intestino delgado (duodeno).
d) Infecta a mamíferos marinos y a peces.

**14. Cuando hablamos de paludismo es lo mismo que:**

a) Leishmaniosis humana.
b) Enfermedad del sueño.
c) Malaria.
d) Enfermedad de Chagas.

**15. ¿Cuál de los siguientes virus es ARN?**

a) Virus de la hepatitis C.
b) Virus de la hepatitis B.
c) Citomegalovirus.
d) Virus Herpes simple.

**16. El virus de la rubeola pertenece a la familia de los:**

a) Rhabdovirus.
b) Togavirus.
c) Ortomixovirus.
d) Paramixovirus.

**17. En un paciente VIH positivo, ¿qué marcadores de linfocitos T deberíamos tener en cuenta?**

a) CD4.
b) CD5 y CD3.

c) CD20.

d) CD69 y CD25.

**18. ¿Qué métodos de determinación de la carga viral se engloban con la denominación genérica de "amplificación del blanco"?**

a) Amplicor.

b) NASBA.

c) B-ADN.

d) Las respuestas a) y b) son correctas.

**19. Una vez liberado el ARN del virus se debe retranscribir la molécula de ARN en ADN, para ello se utiliza:**

a) Isotiocinato de *guanidinium*.

b) Enzima rTth ADN polimerasa de *Thermus thermophilus*.

c) Cebadores biotinilados.

d) Oligonucleótidos.

**20. No es una característica de la carga viral:**

a) Es un buen marcador de laboratorio.

b) Tiene buena sensibilidad.

c) No permite un correcto seguimiento.

d) Tiene buena reproducibilidad.

# Solución al test n.º 30

**1.** a) Hay que intentar sembrar la mayor cantidad posible de inóculo, en medios con antibacterianos y antimicóticos.

**2.** d) Todos son medios de cultivos empleados en aislamiento primario de hongos.

**3.** c) La cápsula de Criptococo.

**4.** c) Utilización de los carbohidratos.

**5.** c) Nistatina.

**6.** a) Levaduras.

**7.** a) *Hortoea werneckii.*

**8.** c) El hallazgo de los huevos en heces.

**9.** b) Trematodo.

**10.** b) El quiste hidatídico.

**11.** c) *Toxocara canis.*

**12.** d) Quiste.

**13.** c) El hábitat del adulto es el intestino delgado.

**14.** c) Malaria.

**15.** a) Virus de la hepatitis C.

**16.** b) Togavirus.

**17.** a) CD4.

**18.** d) Las respuestas a) y b) son correctas.

**19.** b) Enzima rTth ADN polimerasa de Thermus thermophilus.

**20.** c) No permite un correcto seguimiento.

Farmacología clínica: conceptos generales, monitorización de fármacos: fármacos cardioactivos, antibióticos, antipilépticos, antipsicóticos, antineoplásicos, y otros. Toxicología clínica. Detección de drogas de abuso. Alcoholes: etanol y metanol y otros tóxicos

**1. ¿Qué evolución sigue un fármaco una vez administrado?**

a) Liberación, distribución, biotransformación, absorción y eliminación.
b) Absorción, liberación, metabolización, distribución y eliminación.
c) Liberación, absorción, distribución, metabolización y eliminación.
d) Liberación, absorción, distribución, metabolización, eliminación y biotransformación.

**2. El movimiento de un fármaco desde el sitio de administración al torrente sanguíneo se denomina:**

a) Absorción.
b) Distribución.
c) Liberación.
d) Excreción.

**3. Los fármacos cuando se distribuye desde la circulación sanguínea hasta los tejidos corporales, lo hacen unidos a proteínas; señala lo correcto:**

a) La albumina es una proteína transportadora de fármacos.
b) Cuando el fármaco se presenta en forma libre en la circulación ejerce su acción.
c) Cuando el fármaco está unido a las proteínas transportadoras actúa como reservorio.
d) Todas son correctas.

**4. La biotransformación de un fármaco ocurre en dos fases. Señala qué tipo de reacción NO se produce en la fase I:**

a) Reacciones de conjugación.
b) Reacciones de oxidación.

c) Reacciones de reducción.
d) Reacciones de hidrólisis.

**5. El rango de concentraciones en las que el fármaco es eficaz y se observa un mínimo de efectos adversos siendo la zona de los medicamentos entre la dosis mínima y la dosis máxima se denomina:**

a) Dosis de mantenimiento.
b) Dosis letal.
c) Margen de seguridad.
d) Toma.

**6. Denominamos periodo de latencia:**

a) Al tiempo transcurrido entre en el momento en el que se alcanza la concentración mínima eficaz y el momento en que desciende por debajo de dicha concentración.
b) Al tiempo que transcurre desde el momento de administración hasta que se inicia el efecto farmacológico.
c) Todas son ciertas.
d) Ninguna es cierta.

**7. El índice terapéutico:**

a) Es la cantidad de fármaco que tiene efectos terapéuticos, que son los deseados.
b) Es la proporción entre la dosis letal y la dosis terapéutica.
c) Es la cantidad de fármaco que hace su efecto.
d) Es la cantidad de fármaco que no produce un efecto tóxico ni deseado.

**8. Denominamos dosis terapéutica:**

a) A la cantidad de fármaco que provoca la muerte al 5 % de los pacientes a los a que se administra.
b) A la proporción entre la dosis letal y terapéutica.
c) A la cantidad de fármaco que produce un efecto tóxico.
d) A la cantidad de fármaco que tiene efectos terapéuticos, que son los deseados.

**9. La muestra para monitorización de fármacos recogidas en el pico son:**

a) Muestra extraída cuando se alcanza la concentración plasmática máxima.
b) Muestra extraída inmediatamente antes de la administración de la dosis siguiente.
c) Muestra donde se obtiene información sobre la eliminación corporal del medicamento.
d) Todas son correctas.

**10. La muestra para monitorización de fármacos recogidas en el valle son:**

a) Muestra extraída cuando se alcanza la concentración plasmática máxima.
b) Muestra extraída inmediatamente antes de la administración de la dosis siguiente.

c) Muestras donde se obtiene información sobre la eliminación corporal del medicamento.
d) Todas son correctas.

**11. La teofilina es:**

a) Un antibiótico.
b) Un antiepiléptico.
c) Un antineoplásico.
d) Un antiasmático.

**12. ¿Cuál es la muestra más utilizada en monitorización de fármacos?**

a) Orina.
b) Suero.
c) Sangre total.
d) Todas son correctas.

**13. De los fármacos que enunciamos a continuación, ¿en cuál se realiza una medición de valle y otra de pico?**

a) En la digoxina.
b) En el ácido valproico.
c) En la amikacina.
d) En el litio.

**14. La digoxina es:**

a) Un inmunosupresor.
b) Un cardiotrópico.
c) Un anticonvulsivo.
d) Un antibiótico.

**15. Son fármacos antineoplásicos:**

a) Lidocaína.
b) Metotrexato.
c) Digoxina.
d) Haloperidol.

**16. Las técnicas analíticas de monitorización de fármacos, tóxicos y drogas de abuso pueden ser:**

a) Inmunofelométricas.
b) Inmunoensayos.
c) Cromatografía.
d) Todas son correctas.

**17. En cuanto a la terminología relativa a drogas de abuso, se define como la necesidad progresiva de administrar cantidades crecientes de una sustancia para conseguir su efecto deseado a:**

a) Dependencia.
b) Tolerancia.
c) Abuso.
d) Síndrome de abstinencia.

**18. Dentro de las principales drogas de abuso están:**

a) En los alucinógenos: cocaína.
b) En los opiáceos: codeína.
c) En los estimulantes: alcohol.
d) En las depresoras: tabaco.

**19. Señala el enunciado correcto en relación con los ensayos inmunológicos utilizados para la detección de drogas:**

a) Los ensayos inmunológicos se realizan sin un aislamiento pre vio de la orina del analito de interés.
b) Los sistemas desarrollados para detección de drogas poseen un anticuerpo específico para una sustancia determinada o para un grupo de ellas
c) Son ensayos de competencia antígeno–anticuerpos.
d) Todas son correctas.

**20. La muestra biológica más utilizada en el análisis de drogas de abuso es:**

a) El suero.
b) El plasma.
c) La orina.
d) La saliva.

En MADTEST tienes **más preguntas de este tema,** y todos tus avances quedan registrados y se reflejan en el ranking.

**¡Supera tus límites con MADTEST!**

# Solución al test n.º 31

**1.** c) Liberación, absorción, distribución, metabolización y eliminación.

**2.** a) Absorción.

**3.** d) Todas son correctas.

**4.** a) Reacciones de conjugación.

**5.** c) Margen de seguridad.

**6.** b) Al tiempo que transcurre desde el momento de administración hasta que se inicia el efecto farmacológico.

**7.** b) Es la proporción entre la dosis letal y la dosis terapéutica.

**8.** d) A la cantidad de fármacos que tiene efectos terapéuticos, que son los deseados.

**9.** a) Muestra extraída cuando se alcanza la concentración plasmática máxima.

**10.** b) Muestra extraída inmediatamente antes de la administración de la dosis siguiente.

**11.** d) Un antiasmático.

**12.** b) Suero.

**13.** c) Amikacina.

**14.** b) Un cardiotrópico.

**15.** b) Metotrexato.

**16.** d) Todas son correctas.

**17.** b) Tolerancia.

**18.** b) En los opiáceos. Codeína.

**19.** d) Todas son correctas.

**20.** c) La orina.

# Cómo acceder al Curso

**Técnico/a Especialista de Laboratorio**
**Test del temario**

El uso de los códigos **es exclusivo de los compradores de los productos de Editorial MAD**. Cada producto posee un código único y de un solo uso. Es personal e intransferible y da acceso a servicios y contenidos adicionales. Editorial MAD se reserva el derecho de hacer cuantas comprobaciones sean necesarias para identificar al legítimo poseedor del código y dejar de dar servicio a quien haga uso fraudulento del mismo, además de emprender cuantas acciones legales estime oportunas según la legislación vigente.

Deberás acceder a:

mad.es/registro-campus

Si una vez aceptadas las condiciones de uso del Campus decides hacer uso del mismo, necesitarás del siguiente código de acceso junto con los códigos del resto de títulos que se exigen (si fuera el caso):

2YGXPRTQJS